Tom Doyle/Greg Webster

Im Angesicht des Todes

Der Mut verfolgter Christen im Nahen Osten

Brunnen Verlag / Open Doors

Tom Doyle arbeitete 20 Jahre als Pastor in den USA, bevor er für 11 Jahre in den Nahen Osten und nach Zentralasien ging. Er ist häufiger Referent zu den Themen Israel, Nahostkonflikt und Herausforderungen durch den Islam.
Greg Webster ist Theologe, Journalist und Koautor mehrerer Bücher. 2013 erschien ihr erstes gemeinsames Buch: „Träume und Visionen – Wie Muslime heute Jesus erfahren". (Brunnen Verlag Gießen, 5. Auflage 2015)

Deutsch von Dr. Friedemann Lux

Inhalt

Für alle Christen, die in Gefängnis,
Verfolgung oder Gefahr sind

Vorwort

Die Menschen, deren Geschichten Sie hier lesen werden, haben das Unerträgliche ertragen. Ihr Leiden ist so tief und ihr Leben verdient so viel Anerkennung, dass wir hier betonen wollen: Alles, was Sie in diesem Buch vorfinden, ist authentisch. Diese Geschichten und die Personen sind nicht erfunden. Doch angesichts der Schwere der Fälle und der Gefahren, vor denen die Überlebenden immer noch stehen, mussten wir gewisse Details ändern oder verschlüsseln. In manchen Geschichten stimmt die Ortsangabe, in anderen nicht. Aber jedes Wunder, jede Gebetserhörung, jede gelungene Flucht wie auch jede Bombenexplosion, jede Folter und jeder grausame Tod – all das ist genau so geschehen, wie es hier wiedergegeben wird.

Redaktionelle Eingriffe haben wir uns bei Dingen wie Beschreibungen von Äußerlichkeiten und Dialogen erlaubt. Die „Botschaften" von verfolgten Christen am Ende der Kapitel sind nicht wortwörtlich wiedergegeben, sondern in verständlichem Englisch bzw. Deutsch, in einer Weise, dass nichts vom Inhalt verloren geht.

Wir möchten Sie bitten, beim Lesen gemeinsam mit uns für die neuen Freunde zu beten, die Sie auf den folgenden Seiten kennenlernen. Sie verdienen unsere Hochachtung, aber sie haben eine Bitte an Sie: dass Sie die größte Ehre nicht ihnen, den Dienern ihres Königs, geben, sondern dem König selbst.

Tom Doyle
Greg Webster
September 2014

Einleitung

Verfolgung – die neue Normalität für Christen

- Ägypten: über 60 Kirchen niedergebrannt.
- Iran: mehrere Hauskirchenleiter zu Haftstrafen im berüchtigten Teheraner Evin-Gefängnis verurteilt.
- Nordkorea: Christen hingerichtet. Ihr Verbrechen: Sie besaßen eine Bibel.
- Syrien: Christen an Holzkreuze genagelt.

Das waren nur die Nachrichten aus *einem* Monat des Jahres 2013. Und es sollte noch schlimmer kommen. Im Sommer 2014 erlebte eine schockierte Welt den beängstigenden Aufstieg der ISIS (inzwischen umbenannt zu IS – „Islamischer Staat"). IS-Kämpfer zogen innerhalb von wenigen Wochen eine unvorstellbare Spur der Verwüstung durch Syrien und den Irak. Die Brutalität der IS-Miliz und ihr auf Weltherrschaft zielendes dschihadistisches Programm erinnern an das assyrische Reich im Alten Testament. Die Assyrer löschten ganze Dörfer, ja Städte mit solch einer Brutalität aus, dass im 8. Jahrhundert v. Chr. der bloße Satz „Die Assyrer kommen!" die Menschen an manchen Orten dazu trieb, Massenselbstmord zu begehen, um nicht lebendig gehäutet, gepfählt, versklavt, deportiert oder vergewaltigt zu werden. In einer bemerkenswerten Laune der Geschichte kam der IS in der gleichen Region zu Macht wie damals die Assyrer. Eines der großen Ziele dieser Organisation ist mittlerweile für alle klar geworden: die von ihr beherrschten Gebiete radikal von Christen zu „säubern".

Doch der IS ist nicht allein in seinem Vernichtungsfeldzug gegen den biblischen Glauben. Dieser steht heute weltweit unter Beschuss. In Dutzenden Ländern werden Menschen, die Jesus lieben, gehasst und zahlen oft einen furchtbaren Preis für ihre Nachfolge. Morde und Massaker nehmen überhand. Aber unser Anliegen mit diesem Buch besteht weniger darin, die Alarmglocken für die verfolgte Kirche zu läuten. Das haben bereits andere getan. Viele hören es und reagieren, und das ist gut so. Doch was die Alarmglocken uns nicht zeigen, ist die Perspektive von innen: Was kann es einen Menschen kosten, Jesus im 21. Jahrhundert nachzufolgen?

Darum haben wir die folgenden Berichte zusammengestellt. Wer die rapide Zunahme der Christenverfolgung in der Welt beobachtet, kann leicht zu dem Schluss kommen, dass die Christen überall auf der Flucht sind und dass islamistische Terroristen, fanatische Diktatoren und antichristliche Völker dabei sind, sie systematisch zu vernichten. Doch in Wirklichkeit ist das Gegenteil der Fall. Wo die Verfolgung zunimmt, steigt häufig auch die Zahl der Christen.

Jesus hat seinen Jüngern vorhergesagt, dass man sie wegen der bloßen Tatsache, dass sie zu ihm gehören, verfolgen würde. Und dass diese Verfolgungen im Laufe der Zeit noch zunehmen würden. Am Vorabend seiner Kreuzigung sagte er ihnen klar und deutlich: „Sie werden euch aus der Synagoge ausstoßen. Es kommt aber die Zeit, dass, wer euch tötet, meinen wird, er tue Gott einen Dienst damit" (Johannes 16,2).

Es scheint fast so, als ob „die Zeit", von der Jesus hier spricht, unsere heutige ist. In Gegenden, wo der fundamentalistische Islam mächtig ist oder die Scharia herrscht, schweben Christen in Lebensgefahr. Häufig ist die Konversion (oder Rückkehr) zum Islam die einzige Möglichkeit, dem Tod zu entgehen. In den Gefängnissen des Iran werden

Christen, die wegen ihres Glaubens in Haft sind, mit klaren Bedingungen für ihre Entlassung konfrontiert: ein Schuldeingeständnis, dass man ein „Abtrünniger" ist, eine möglichst vollständige Liste der Namen der Leiter von Untergrundhausgemeinden und die Rückkehr zum Islam. In Mossul (Irak) gab der IS den Christen vier Optionen: *Kehrt zum Islam zurück, zahlt eine (unerschwinglich hohe) Schutzsteuer (dschizya), verschwindet oder sterbt.*

Das neue Gesicht der Christenheit

Die Christenverfolger haben all die Jahrhunderte hindurch eines nie begriffen: dass Christenverfolgung am Ende immer scheitert. Sie funktioniert schlicht nicht. Das Umbringen von Christen hemmt die Ausbreitung des Evangeliums und das Wachstum der Kirche nicht, sondern es fördert diese Dinge geradezu.

Für uns Christen im Westen geht das Risiko, verfolgt zu werden, gegen null. Aber die Statistiken zeigen, dass das Gemeindewachstum etwa in den USA (wo es keine Christenverfolgung gibt) in den letzten zwanzig Jahren praktisch zum Stillstand gekommen ist. Warum? Anscheinend gedeiht Jesu Botschaft von der Liebe und Versöhnung besonders gut in einem Klima, das durch Feindschaft, Gefahr und Martyrium gekennzeichnet ist. Christenverfolgung und die Ausbreitung des Evangeliums sind so unzertrennlich wie eineiige Zwillinge. Überall in der Welt erweisen sich Leiden und Verfolgung als Dünger für das Wachstum von Jesusbewegungen.

In dem von der Hamas beherrschten Gazastreifen beten heute ehemalige Muslime vor der Nase der Terroristen zu Jesus. In Syrien und im Irak mag der IS mit Enthauptungen und unmenschlichen Folterungen die Schlagzeilen beherr-schen, aber die Untergrundgemeinden blühen. In Saudi-Arabien beten sogar in Mekka und Medina, dem Herzen des Islam, Menschen heimlich zu Jesus.

Christen, die noch nie wirklich für ihren Glauben verfolgt wurden, können es sich nicht vorstellen, aber aus dem Leiden um Jesu willen erwächst ein enormer Segen, da die Betroffe-nen eine regelrechte Umwandlung erleben. Christen, die Ge-fängnis, Schläge und Drangsal um Jesu willen hinter sich ha-ben, sind nicht mehr dieselben. Manchmal erkennen ihre eigenen Verwandten sie kaum wieder, weil sie inmitten ihres furchtbaren Leidens Christus auf eine Art erlebt haben, wie dies den meisten von uns nie vergönnt ist.

Die verfolgten Christen von heute sind das neue Gesicht authentischen Glaubens. Sie sind erfüllt von dem leiden-schaftlichen Wunsch, für Christus zu leben oder zu sterben. Wir Christen im Westen können viel von ihnen lernen.

Die acht Geschichten in diesem Buch stellen Ihnen einige dieser mutigen Gläubigen vor. Sie haben es gelernt, sich an Jesus zu klammern, wie ein Ertrinkender sich an den Ret-tungsring klammert. Und dabei haben sie entdeckt, dass Jesus allein genügt, um sie an die Hand zu nehmen und durch eine Feuerprobe nach der anderen zu führen – nicht am Leid vor-bei, sondern mitten hindurch.

Malik, ein Jünger von Jesus aus dem Nahen Osten, sagte mir einmal: „Jeder Christ sollte mindestens einmal im Leben wegen seines Glaubens ins Gefängnis kommen; das tut ein-fach gut!"

Würden Sie ihm zustimmen? Und dieser ehemalige Muslim fuhr fort: „Wenn man einmal die Einsamkeit einer Gefängnis-zelle erlebt hat, ist man nicht mehr derselbe. Wenn man spürt, dass Jesus imstande ist, diese Einsamkeit zu 100 Prozent, ja zu mehr als 100 Prozent auszufüllen – das ist etwas Gewaltiges! Meine tiefsten geistlichen Erkenntnisse habe ich auf dem kalten Betonfußboden meiner Zelle gewonnen, wo wir nur zu zweit waren – Jesus und ich."

Malik ist nicht der Einzige mit dieser Überzeugung. Eine neue Generation von Christen wächst heran, die sich selbst von der härtesten Verfolgung nicht stoppen lässt. Diese treuen Gläubigen trotzen den größten Gefahren und geben die Liebe von Jesus weiter. Lesen Sie Ihre Zeitung, notieren Sie sich, wo überall Krieg, Armut, Rassismus, religiös motivierte Gewalt oder Mord an der Tagesordnung sind. Mitten in diesem Elend wächst und gedeiht die Kirche von Jesus Christus, dank solcher Menschen wie denen, die Sie auf den folgenden Seiten kennenlernen werden.

Eine Botschaft für Sie persönlich

Dieses Buch nimmt Sie mit auf eine Reise in einen Bereich, wo Sie wahrscheinlich noch nie waren: Sie werden gleich in den Untergrund gehen, dort, wo die Gemeinde von Jesus ist. Während in der öffentlichen Welt oft das Chaos herrscht, leben die Christen in dem tiefen Frieden und der Geborgenheit, die nur der erlebt, der Jesus kennt.

Wir sehen heute weltweit das Aufkommen einer neuen Jesusbewegung. Angeführt wird sie von verfolgten Christen. Sie haben von Gott eine Gabe bekommen, die die meisten von uns dankend ablehnen würden: die Fähigkeit, enormes Leiden zu ertragen und daraus gestärkt hervorzugehen. Die christlichen Pioniere an den Außenposten der Christenheit sind sich über eines im Klaren: Wer entschlossen Jesus nachfolgt, begibt sich auf Kollisionskurs mit den Machthabern.

Sie wissen, dass Schläge, Gefängnis, Folter und vielleicht der Tod auf sie zukommen, aber es hält sie nicht ab; sie marschieren weiter, als Menschen, denen Jesus Christus mehr bedeutet als alles andere.

Wird die Verfolgung auch in die westliche Welt kommen? Das ist durchaus möglich, und dann können die Erfahrungen von Christen, die bereits siegreich durch den Feuerofen der Verfolgung gegangen sind, wie ein Rettungsanker für uns sein. Und wenn die Verfolgung nicht in Ihr Land kommt? Dann brauchen Sie diese Geschichten vielleicht noch mehr, denn sie werden Ihnen helfen, die Flamme Ihrer Leidenschaft für Jesus neu zu entfachen. Es ist unmöglich, diese unglaublichen, aber wahren Berichte zu lesen und nicht von ihnen bewegt zu werden.

Der Kampf ist voll entbrannt. Wird die Christenheit ihn gewinnen oder verlieren? Dieses Buch bringt Ihnen Siegesmeldungen von der vordersten Front, wo die Gemeinde Jesu kämpft. Der Kampf ist hart und nichts deutet darauf hin, dass er bald aufhören wird. Und doch ist dies eine unserer größten Stunden.

1

Piraten in Somalia

Der Somalier schaute zu dem Sarg hinunter, der zu seinen Füßen auf der offenen Ladefläche des Lkws lag. Der Laster rumpelte nach Westen, Richtung Kenia. Ein Schlagloch unter dem linken Vorderrad ließ dem Mann das Gewehr vom Schoß rutschen. Er packte den Lauf, legte die Waffe wieder zurecht, verzog spöttisch den Mund und drehte den Kopf von der makabren Ladung weg. Es half natürlich nichts, außer der psychologischen Wirkung, diesem elenden Job nicht ganz ausgeliefert zu sein. Der Gestank von dem verwesenden Leichnam umgab den Lkw wie eine unsichtbare Dunstglocke. Eine Stunde noch … Er fragte sich, wie er das schaffen sollte. Was er brauchte, war ein Zwischenstopp zum Mittagsgebet. Der Mann schielte zurück zu der mannsgroßen Kiste.

Im Sarg kämpfte Azzam Azziz Mubarak gegen seinen Würgereiz an. Der drei Tage alte Leichnam über ihm drückte auf die Brust des blinden Passagiers. Jeder Atemzug erforderte nicht nur Kraft, sondern auch den bewussten Entschluss, die Nasenlöcher davon zu überzeugen, dass sie diese Verwesungsluft brauchten. Das Ende des Leichentuchs pellte sich von Azzams schweißgetränkter Wange ab, als er den Kopf zur Seite drehte, um mehr Raum zum Atmen zu finden. Er bewegte das linke Bein – der einzige Teil seines Körpers, der nicht unter der Leiche lag. Gut, dass der Verstorbene nur ein Bein gehabt hatte. Er hatte das zweite ohne Zweifel vermisst; Azzam war dankbar für seine Abwesenheit, die das Gewicht, das auf ihm lag, etwas erträglicher machte.

Wenn das so weitergeht, bin ich erstickt, bevor wir an der Grenze sind ...

Der Lebende im Sarg hob mühsam den Kopf. Er presste den Hinterkopf gegen das Ende der Kiste, um sich (und den Toten über ihm) abzustützen, dann drückte er mit seinem rechten Zeigefinger vorsichtig gegen den Deckel und hob ihn einen Fingerbreit hoch. Das grelle Tageslicht, das durch die Öffnung blitzte, ließ ihn die Augen zusammenkneifen. Er schielte zu dem Mann mit dem Gewehr hin, der dieses gerade wieder auf seinem Schoß zurechtlegte. Er schaute nach, ob die Waffe gesichert war, dann drehte er den Kopf zur Fahrerkabine hin, um mit dem Fahrer zu reden. Azzam schnappte die Worte „Mittag" und „Gebet" auf. Der Wagen schwenkte an den Straßenrand, wo er mit einem Ruck zum Stillstand kam.

Azzam zog den Sargdeckel geräuschlos wieder zu. Der Laster bebte, als der Wächter über die Ladefläche kletterte. Die Fahrertür knallte zu und die Stimmen der beiden Männer wurden leiser, als sie zu einer Ansammlung von Bretterbuden gingen, die vielleicht hundert Meter weiter rechts standen.

Kaum waren sie weg, befreite Azzam Arme, Oberkörper und Kopf vom Gewicht des Toten, stützte sich auf dem rechten Ellbogen ab, drückte mit der linken Hand den Sargdeckel nach oben und schob den Kopf vorsichtig in die Mittagsluft. Gegen den Gestank, den er die letzten Stunden eingeatmet hatte, wirkte sie wie eine frische Brise in den Bergen. Von einem offenen Feuer vor einer der Hütten kam der Duft gebackenen Brotes. Jetzt etwas essen können! Aber das ging natürlich nicht.

Sollte er die Gelegenheit nutzen, um sich aus dem Staub zu machen und den Rest der Strecke zu Fuß zu gehen? Nein, besser nicht, es war noch zu weit zur Grenze. Selbst mit dem Lastwagen wäre er erst bei Einbruch der Nacht in Kenia.

Er lehnte sich im Sarg zurück, den Deckel weiter angehoben, um so viel Luft wie möglich hereinzulassen, ein Auge wachsam auf die Bretterbuden gerichtet, um die Rückkehr seiner Chauffeure nicht zu verpassen. Halb liegend, halb sitzend dachte er über die bizarre Lage nach, in der er sich befand. Was für eine verrückte Welt, in der die sicherste Methode zu reisen darin bestand, in einem Sarg unter der Leiche zu liegen! Es war das bevorzugte Transportmittel der Bibelschmuggler, eine genial verrückte Art, muslimische Fahrer für das Evangelium arbeiten zu lassen. Kein Anhänger Allahs wagte es, einen Sarg zu öffnen, geschweige denn die Leiche hochzuheben, um zu sehen, was sich darunter befand. Das Berühren von Toten war zwar nicht direkt eine Sünde, aber die somalischen Muslime waren abergläubisch und hielten von Leichen respektvollen Abstand.

In Särgen konnte man Bibeln zu den Christen in Somalia schmuggeln, und Christen, die in Lebensgefahr waren (als ob sie nicht *alle* in Lebensgefahr wären!), konnten nach Kenia entkommen. Bis jetzt war kein Einziger erwischt worden, aber mehr als einmal hatten in dem Sarg, als er endlich seinen Bestimmungsort erreichte, *zwei* Leichen gelegen. Azzam nahm sich vor, dass ihm das nicht passieren würde, auch nicht auf der Rückfahrt, wenn er in ein, zwei Wochen die nächsten Bibeln nach Somalia bringen würde.

Er hörte die Stimmen der beiden Männer, bevor er sah, wie sie um die Ecke der am nächsten gelegenen Hütte kamen. Es klang, als ob sie sich stritten; warum, konnte er nicht verstehen. Er sog ein letztes Mal die frische Luft ein, schloss den Deckel und streckte sich wieder in der Finsternis seines selbst gewählten Gefängnisses aus. Bis jetzt verstand er immer noch nicht ganz, wie sein Leben diese Wendung hatte nehmen können.

Ein paar Monate zuvor hatte Azzam geistlichen Rat gebraucht.

„Der Mann, den du in deinen Träumen siehst, ist der Teufel! Höre nicht auf ihn!"

Azzam stand schweigend da, während Imam Hussein Mohammad ihn abkanzelte. Mehrere Minuten lang machte das geistliche Oberhaupt des Dorfes es Azzam klar, was er von seiner Geschichte hielt. „Diese ‚Visionen', oder wie du das nennst, sind falsch! Alle! Wie oft muss ich mir diesen Dreck noch anhören von den Leuten? Lass dich nicht in die Irre führen! Komm wieder, wenn du einen Traum vom Großen Propheten hast!"

„Aber ich hab jetzt schon *sieben* Visionen von diesem Mann gehabt, der sich Jesus nennt! Warum kommen die immer wieder? Was will er mir sagen?"

Die Antwort war ein Fausthieb in Azzams Gesicht, dass er rücklings auf die Schuhe fiel, die die Gläubigen am Eingang der Moschee abgestellt hatten. Die Augen des Geistlichen schossen Blitze auf den unglücklichen Fragesteller. Die Menschen im Inneren der Moschee waren mit dem Freitagsgebet beschäftigt, und niemand bemerkte den halb Bewusstlosen, der da plötzlich mitten zwischen den Schuhen lag.

Wie durch einen dicken Vorhang hörte Azzam die Gebete im Inneren der Moschee. Reglos und mit geschlossenen Augen lag er da, bis der Imam sich umdrehte und zu den Gläubigen ging. Noch halb benommen, rappelte Azzam sich hoch und kroch buchstäblich zur Tür. *Was wäre passiert, wenn ich ihm auch noch gesagt hätte, dass ich die letzte Vision hier in der Moschee hatte?* Er zwang sich auf die Füße und trat ins helle Sonnenlicht hinaus, um langsam nach

Hause zu gehen. *Dann wäre ich jetzt wahrscheinlich ein toter Mann.*

Er stakste in sein Zimmer. Was er jetzt brauchte, war sein Bett. Aber halt – was war das? Er blieb in der Tür stehen, eine Schulter an den Rahmen gelehnt, und starrte auf sein Bett. „Das gibt's doch nicht …", flüsterte er. Auf dem Bett lag ein vielleicht neunzig Zentimeter langes hölzernes Kreuz. Es war blutverschmiert.

„Wer hat das da hingetan? Das ist bestimmt eine Falle! Wenn mein Vater das sieht … Wenn irgendjemand das sieht …"

„Mein Blut ist noch frisch genug für dich, Azzam." Azzam fuhr zusammen, sein Blick eilte hastig nach oben und durch das Zimmer. Er kannte diese Stimme gut, er hatte sie oft genug gehört. Jesus. Er sprach so laut, dass jeder im Haus es hören konnte. Azzam schaute wieder auf sein Bett, das jetzt ganz von Blut bedeckt war.

Seine Schockstarre löste sich abrupt. Er drehte sich um und rannte zu seiner Mutter, die in der Küche stand und nichts bemerkt zu haben schien. Er packte ihren Arm und zog sie in sein Zimmer. Sein jüngerer Bruder, Hadsch, folgte dicht hinterher.

„Mutter! Wer hat dieses Kreuz auf mein Bett getan?"

„Was für ein Kreuz? Azzam, hast du den Verstand verloren? Da ist nichts auf deinem Bett." Sie zeigte auf die Matratze. „Aber wo kommt dieser Blutgeruch her? Hast du dich schon wieder geprügelt? Hast du jemanden umgebracht?"

Obwohl Hadsch zwei Jahre jünger war als Azzam, war er bereits ein kräftiger junger Mann. Er packte Azzam am Hemd, warf ihn zu Boden und trat seinem abtrünnigen Bruder ins Gesicht. „Warte, das sag ich Vater, dann werden wir mal sehen …" Er drehte sich um und stürmte aus dem Zimmer.

Azzam sah seine Mutter an. „Mutter, Jesus war wieder hier! Du glaubst mir doch, oder? Du *musst* mir glauben. Warum sollte ich so was erfinden? Hast du ihn nicht gehört?"

Rawia Mubarak schaute ihrem Ältesten fest in die Augen. „Geh, Sohn, und komm nicht wieder."

Azzam war auf der Stelle losgegangen und fast ohne Pause die vierzig Kilometer zu einem Dorf gelaufen, wo es Freunde gab, die ihn beschützen würden. Es war schon einiges nach Mitternacht, als er dort ankam. Jetzt, drei Wochen später, wusste sein Vater sicher ungefähr, wo er war. Doch da lag Azzam falsch; sein Vater wusste nicht *ungefähr,* wo er war, er wusste es *genau.* Vor einem so erfahrenen und geschickten Warlord und Piraten wie Mubarak Senior konnte sich niemand lange verstecken, der in seinem Machtbereich lebte und den er suchte.

„Paket für Azzam Mubarak!" Die Stimme kam von draußen.

Azzam öffnete die Tür des sicheren Hauses, wo er lebte.

Der Mann draußen senkte die Stimme und sagte ernst: „Von Ihrem Vater."

Azzam starrte den Fremden an, dann das große Paket, das er auf den Boden gestellt hatte. Der Paketkurier trat einen Schritt zurück.

Azzam sagte, halb zu ihm, halb zu sich selbst: „Von meinem Vater? Warum?" Sein Blick ging an den Häusern gegenüber entlang. Das Dorf war ungewöhnlich still, niemand war auf der Straße. War das hier eine Falle? Vielleicht eine Paketbombe? Oder würden, sobald er das Paket hochhob, Piraten um die Ecke stürmen und ihm ihre Messer in den Bauch stoßen?

Azzam blinzelte, zweimal, dreimal, wog die Möglichkeiten ab. *Oder hat mein Vater eingelenkt und das hier ist ein Friedens-*

angebot? Er hat ja mal gesagt, dass ich sein Nachfolger werden sollte. Vielleicht will er mir eine zweite Chance geben. Azzam hatte bereits bewiesen, dass er zum Piraten taugte. Vielleicht wollte ihn sein Vater als Junior-Warlord willkommen heißen.

Er trat zu dem Paket. Der Kurier trat noch einen Schritt zurück. Azzam kniete sich hin, legte die Hände an beide Seiten des Pakets und schüttelte es vorsichtig. Es fühlte sich schwer an, aber es klapperte nichts. Was da drinnen war, schien eher etwas Weiches zu sein und keine Bombe. Er öffnete den Karton.

Der Anblick des Inhalts traf ihn wie ein Blitzschlag. Sein Kopf zuckte unwillkürlich zurück. In einer durchsichtigen Plastiktüte lagen menschliche Körperteile, eine schmierige Masse aus Blut und braunem Fleisch. Azzams Mutter.

Vergeltung und Rache waren unter somalischen Warlords das Normalste der Welt, aber dass sein eigener Vater seine Mutter zerstückelte, weil sie Azzam geholfen hatte zu entkommen, war selbst für einen abgehärteten jungen Nachwuchspiraten undenkbar gewesen. Und wie um die grausame Hinrichtung noch zu betonen, lag auf dem Beutel mit den menschlichen Überresten ein Foto, das Azzams Mutter zeigte, wie sie weinend vor zwei Männern kniete, die bereits ihre Messer erhoben hatten. Azzam kannte die Männer. Mahdi und Jasin hatten also die Exekution übernommen. Sie hatten ihren Job gut gemacht.

Am unteren Rand des Fotos stand in der Handschrift von Azzams Vater geschrieben: „Wenn du versuchst, deine Mutter in Somalia zu beerdigen, werden wir sie ausgraben und Hunde mit ihr füttern."

Am folgenden Tag schaffte Azzam die Leiche seiner Mutter an die Küste und versenkte sie im Meer.

Kreis. Drei. Rechts. Strich.

An dem Tag, an dem er das Paket seines Vaters öffnete, endete Azzam Mubaraks Leben als Pirat. Kurz darauf begann sein Leben als mutiger Jünger dessen, der – wie er nun wusste – mehr war als nur ein großer Prophet. Der mutige Sohn eines Warlords ging mit festen Schritten die staubige Dorfstraße entlang. Ein Dutzend Augen lasen seine Handsignale, ohne sich etwas anmerken zu lassen.

Eine Viertelstunde danach versammelten sich zwölf Personen in einem der Häuser des Dorfes. Drei klopften nacheinander an der Hintertür an. Mehrere andere kletterten durch ein Fenster in der Nordwand des Hauses, die übrigen durch das Fenster in der Südwand. Keiner benutzte die Haustür. Dies war das zweite Treffen somalischer Christen in diesem Dorf sechzehn Kilometer südlich von Mogadischu, das bis vor zwei Monaten zu hundert Prozent muslimisch gewesen war.

Jetzt verbrachte Azzam, der Leiter der Gruppe, viele Nächte damit, die Fragen der anderen zu beantworten und ihnen die Geschichte des mysteriösen Blutkreuzes auf seinem Bett zu erzählen. Schon nach der ersten dieser Zusammenkünfte hatten die frisch gebackenen Christen einen horrenden Preis zahlen müssen. Azzam war nichts passiert, aber sechs der anderen waren binnen einer Woche nach dem Treffen grausam hingerichtet worden. Mitten in der Nacht hatte man sie aus ihren Lehmhäusern herausgeholt, die Todesurteile verkündet und sie geköpft – öffentlich, damit das ganze Dorf es mitbekam und jeder wusste: *Bei uns ist Jesus nicht willkommen.*

Aber er war prompt zurückgekommen. Jetzt saßen zwölf neue Christen schweigend im Raum, während Azzam ihnen die Handsignale erklärte. „Kreis‘ bedeutet *Treffen*. ‚Drei‘ bedeutet *das dritte Haus*. ‚Rechts‘ ist die Richtung. Und ‚Strich‘ bedeutet *so bald wie möglich*. "

Dann schlug er die einzige Bibel im Dorf, ja wahrscheinlich in der ganzen Provinz auf und las: „Selig sind, die da geistlich arm sind; denn ihrer ist das Himmelreich. Selig sind, die da Leid tragen; denn sie sollen getröstet werden" (Matthäus 5,3-4).

Lächeln auf mehreren Gesichtern; es waren Verwandte der Hingerichteten. Sie trugen Leid, aber sie wollten so gerne die gleiche Freude haben, die ihre Angehörigen gehabt hatten – selbst wenn das hieß, dass sie sie hier auf der Erde nur noch ein paar Tage hätten. Mehrere Minuten lang sagte niemand etwas.

Dschabar brach das Schweigen. „Azzam, warum hat deine Mutter dir befohlen zu gehen? Hättest du dich nicht wehren können?"

Azzam hatte dieser neuen Gruppe noch nicht seine ganze Geschichte erzählt. Er sah Dschabar fest an. „Das ist der alte Weg, Dschabar. Ich wusste, dass ich gehen musste. Du kennst meinen Vater; für ihn ist sein Geschäft alles. Ein Warlord, der so viel Macht hat wie er, kann sich einen Christen als Sohn nicht leisten. Er hätte mich vielleicht nicht selber getötet, aber tot wäre ich jetzt. Er hätte mir seine Piraten auf den Hals gehetzt, die ihm gehorcht hätten, ohne mit der Wimper zu zucken. Das ist ihre Pflicht, ihre *Religion*. Und das wusste meine Mutter und sie wollte mich retten. Sie suchen mich immer noch und werden nicht aufgeben – *halal*, ihr wisst schon.[1] Als meine Mutter mir befahl zu gehen, war es das letzte Mal, dass ich sie gesehen habe." Und er erzählte seinen schockierten Zuhörern von dem Paket.

---

[1]   Das arabische Wort *halal* („erlaubt") steht für Dinge, die nach islamischem Recht erlaubt sind – u.a. auch Ehrenmorde.

„Aber wir hier haben einander", fuhr er fort. „Ihr seid jetzt meine Familie. Jesus hat jeden von uns gerufen, wie ein Hirte seine Schafe ruft. Ihr habt das ja selber erlebt. Ihr habt seine Stimme gehört – einige von euch buchstäblich – und auf seinen Ruf geantwortet. Denkt daran, was Jesus uns gesagt hat: ‚Es wird aber ein Bruder den andern dem Tod preisgeben und der Vater den Sohn'" (Matthäus 10,21).

Azzam schaute in die noch ernster gewordenen Gesichter. „Aber reden wir von etwas anderem. Morgen werde ich das Land verlassen."

„Waas?", rief Dschabar aus. „Warum denn das?" Die anderen zuckten zusammen; jemand legte die Hand auf den Mund des Mannes, der da gerade viel zu laut gesprochen hatte.

Azzam legte den Zeigefinger auf seine Lippen. Nur eine leise Versammlung war eine sichere Versammlung. „Der Feind schleicht herum. Er zieht die Schlinge fester, wie ein Henker. Aber wir sind keine Verbrecher. Jesus hat uns frei gemacht. Er verurteilt uns nicht; das tun nur die, die ihn hassen.

Ich gehe nach Kenia. Dort gibt es Bibeln. Ich bin von Christen kontaktiert worden, die bereit sind, uns welche zu schenken." Er unterbrach sich und musterte die Gesichter. „Meine Reise wird eine Woche dauern, vielleicht auch länger, aber wenn ich wieder zurück bin, wird jeder von euch eine Bibel haben – eine kleine, die ihr leicht verstecken könnt.

Wir müssen uns mit dem Wort Gottes bewaffnen. Lernt so viel auswendig, wie ihr könnt, und dann gebt eure Bibeln an andere weiter, die auf sie warten. Wir müssen stärker werden, denn unser Kampf wird noch härter werden. Viel härter."

Dschabar schaute Azzam traurig an. „Du wirst ein toter Mann sein, bevor du die Grenze erreichst", flüsterte er.

„Vielleicht, Dschabar. Aber ich habe einen Plan."

Der Lastwagen rumpelte zurück auf die Straße, um seine Fahrt nach Kenia fortzusetzen. Bis jetzt war Azzams Plan perfekt verlaufen. Er schob sich lächelnd unter der Leiche zurecht.

Zwei Wochen und eine zweite Fahrt in einem Sarg später war Azzam wieder zu Hause.

Kreis. Sieben. Links. Strich.

Diesmal war es Dschabar, der scheinbar ziellos die Dorfstraße entlangging. Er unterdrückte ein Lächeln. Keine zehn Minuten später saßen zwölf Christen auf dem Fußboden eines neuen Versammlungsraumes. Eine Stunde lang beteten sie voller Leidenschaft – viele für Azzams Sicherheit.

Ein Geräusch an der Hintertür. Die Gebete verstummten abrupt, die Köpfe drehten sich herum. Was würde jetzt kommen? Langsam ging die Tür auf. Azzam trat in den Raum und stellte einen Karton auf den Fußboden. Ein Dutzend erleichterter Freunde im Glauben stürzten sich auf den zurückgekehrten Leiter der Gruppe, um ihn zu umarmen.

„Es sind gebrauchte Bibeln. Unsere kenianischen Brüder und Schwestern haben sie jahrelang gelesen. Ihr hättet ihre Freude sehen sollen, als sie sie mir gaben. Sie schicken sie euch mit ihren besten Grüßen."

Eine weitere Stunde lang Gebete. Und Freudentränen über jede der Bibeln. Schließlich beendete Azzam das Treffen. Sie waren schon viel zu lange zusammen gewesen. Einer nach dem anderen schlüpften sie nach draußen.

Zwei junge Männer stolzierten die Dorfstraße entlang. Sie unterhielten sich so angeregt über ihre neuesten Freundinnen, dass sie den Mann zuerst gar nicht bemerkten, der gute zehn Meter vor ihnen zwischen zwei Häusern auf die Straße glitt. Mahdis und Jasins Gespräch verstummte jedoch abrupt, als sie plötzlich sahen, wer der Mann war: Azzam Mubarak. Ausgerechnet.

„Ich weiß, was ihr mit meiner Mutter gemacht habt."

„Azzam, wir hatten keine Wahl. Wir wollten das nicht, aber dein Vater hat es befohlen. Er hat gesagt, wenn wir es nicht machen …" Mahdis rechte Hand ging langsam hinter seinen Rücken.

„Ich weiß das mit meinem Vater." Azzam fixierte die beiden Mörder. „Ich bin nicht gekommen, um mich zu rächen." Er machte eine bedeutungsvolle Pause. „Sondern um euch zu vergeben."

Die beiden sahen kurz einander an, dann wieder den Mann, der da vor ihnen stand. *Was* sagte der da?

Azzam fuhr fort: „Ihr müsst wissen, dass ich euch liebe und für euch beide gebetet habe, seit ich euch auf diesem Foto mit meiner Mutter gesehen habe. Jesus hat mein Herz mit Barmherzigkeit für euch erfüllt. Ihr braucht ihn genau so, wie ich ihn gebraucht habe. Er kann selbst Mördern vergeben. Seine Liebe ist größer als alles, was ihr getan habt."

Das war das erste Mal, dass die drei sich seit Azzams Flucht begegneten. Es gab noch mehrere weitere Treffen (alle spätabends); dann, überwältigt von Azzams Glaubenszeugnis, übergaben die beiden Piraten Mahdi und Jasin ihr Leben einem Heiland, der vergibt. Fürs Erste erzählten die beiden neuen Christen und Azzam niemandem etwas davon.

Die Handsignale am Nachmittag riefen die kleine Gemeinde auf, sich um Mitternacht zu treffen. Man hatte aufgehört, sich jeweils sofort zu treffen, um keinen unnötigen Verdacht zu erregen. Alle saßen sie da, als Azzam kam.

Dschabar japste auf, als der Leiter der Gruppe durch die

Haustür hereinkam. Die Gespräche im Raum verstummten abrupt. Hinter Azzam Mubarak standen Mahdi und Jasin.

Azzam sah die ängstlichen Blicke seiner Freunde. Seine linke Hand zeigte auf die beiden anderen in der Tür. „Mahdi und Jasin gehören jetzt zu uns. Jesus hat ihnen vergeben."

Azzam verstummte. Mit einem langsam breiter werdenden Lächeln wartete er auf die Reaktion der anderen. Niemand sagte etwas, aber alle fragten sie sich dasselbe: Wie konnte Azzam die Männer anlächeln, die seine Mutter wie ein Tier abgeschlachtet hatten? Wie konnte er auch nur neben ihnen stehen? Er musste doch an Rache denken …

Mahdi brach das Schweigen. „In meiner Religion gab es keine Vergebungsgewissheit – weder von Gott noch von anderen Menschen. Als Jasin und ich letzte Woche plötzlich Azzam auf der Straße sahen, hab ich als Erstes nach meinem Messer gegriffen, denn er konnte ja wohl nur *einen* Grund dafür haben, plötzlich vor uns aufzutauchen: dass er uns beide umbringen wollte, um seine Mutter zu rächen und zu ehren.

Aber was er dann sagte, hat uns beide umgehauen. Wir konnten es schier nicht glauben: Er vergab uns einfach … so was hatte ich im Leben noch nicht gehört."

Mahdi brach ab und schaute auf den Boden. Dann, den Blick wieder auf die anderen gerichtet, fuhr er fort: „Worte der Vergebung – wie oft habe ich mich in meinem Leben danach gesehnt! Dass Azzam Mördern wie uns vergeben hat und uns sagt, dass er uns liebt … es ist … unglaublich." Mahdis Kopf sank wieder nach unten.

Jasin übernahm die Fortsetzung ihrer Geschichte. „Die letzte Woche haben wir drei uns heimlich nachts getroffen. Azzam hat uns gezeigt, dass Jesus selbst den schlimmsten Übeltätern vergeben kann. Mose hat jemanden totgeschlagen, und Paulus hat Christen ans Messer geliefert, aber Gott hat auch ihnen vergeben und ihr Leben neu gemacht. Wir können es immer noch kaum glauben, aber wir wissen: Es ist wahr.

Jesus hat selbst das vergeben, was wir als Piraten gemacht haben. Unser Leben war Stehlen und Morden. Nur Jesus konnte uns das vergeben und nur er konnte es auch Azzam ins Herz legen, uns zu vergeben. Mahdi und ich ... tja, wir sind jetzt Christen, und darum ist Friede zwischen uns. Zwischen Azzam und uns. Und euch allen."

Jasin sah Madhi an. Der fügte hinzu: „Wir haben auch gesehen, dass Jesus Bruder Azzam eine ungewöhnliche Erkenntnis gegeben hat. Er hat ein inneres Auge für Dinge, die der Herr ihm zeigt."

Mahdi legte einen Arm um Azzams Schulter. Dschabars Augen wurden noch größer.

„Azzam spürte, dass da noch mehr sein musste mit seiner Mutter. Tief in seinem Herzen hatte er etwas gehofft, das er einfach wissen musste. Und er hat recht gehabt. Wir haben es ihm gesagt. Als wir sie töteten, waren ihre letzten Worte: ,Jesus, Jesus, ich liebe dich.'"

Eine Botschaft von Azzam

Mein Leben als Christ war nie lange frei von schweren Prüfungen. Doch inmitten dieser Prüfungen habe ich die Macht von Jesus erlebt. Ich habe schließlich herausgefunden, dass meine Mutter zur gleichen Zeit wie ich Träume von Jesus hatte. Als sie jünger war, war sie einer Missionarin begegnet, die sie in die Bibel einführte, und die Geschichten und Bibelverse sind in ihrem Herzen geblieben.

Wenn ich meine Mutter etwas fragen könnte, dann wäre es dieses: „Mutter, hast du das Kreuz auf meinem Bett an jenem Tag wirklich nicht gesehen?" Sie hatte weiter keine Worte gemacht, hatte mir einfach befohlen zu gehen, weil sie Angst um mein Leben hatte.

Ich habe Mahdi und Jasin im Glauben unterwiesen und sie arbeiten jetzt beide im Untergrund für den Herrn. Allein unser Herr Jesus konnte in seiner großen Gnade meinen brennenden Hass auf sie, die Mörder meiner Mutter, aus meinem Herzen wegnehmen.

Ich bin jetzt seit fünfzehn Jahren Christ. Als ich heiratete, war meiner Frau klar, dass wir kein normales Leben führen würden. Sie sagte mir: „Azzam, wir werden in ständiger Gefahr leben, bis zu dem Tag, an dem wir als Märtyrer für Christus sterben. Aber ich werde diesen Weg freudig mit dir mitgehen."

Als Märtyrer für Christus sterben! Was für eine furchtlose Dienerin Gottes! Ich bin mehr als gesegnet, dass eine Frau wie sie meine Lebenspartnerin ist.

Unser Sohn Hakeem ist bereits dreimal von Piraten entführt worden. Sie versuchen, Jungen zu indoktrinieren und zu Piraten zu machen – bei Hakeem ohne Erfolg. Gott hat ihn uns jedes Mal zurückgegeben.

Gewöhnliche Menschen reisen bei uns zu Fuß, mit dem Esel oder mit dem Bus. Ich benutze nach wie vor Särge; das ist die einzige Möglichkeit, Bibeln für die Christen zu bekommen. Es ist irgendwie lustig: Gott benutzt Särge, um neues Leben nach Somalia zu bringen! Durch die Bibel werden die Untergrundchristen – von denen es inzwischen viele gibt – in das Bild unseres Erlösers verwandelt.

Als Pirat war ich risikofreudig und das hat sich in meiner Tätigkeit als Untergrundmissionar nicht geändert. Das Horn von Afrika ist eine üble Gegend. Der Satan herrscht dort in vielen Familien, in der Obrigkeit, im Schulwesen und natürlich im Islam. Er bekämpft uns auf Schritt und Tritt, aber was er uns auch an Knüppeln zwischen die Beine wirft, Gott benutzt es für sein Reich.

Die *Geduld* ist eine Frucht des Geistes Gottes, die ich nur mühsam gelernt habe, aber sehr zu schätzen weiß. Wenn Sie jemand sind, der gern aufs Ganze geht, ist die Versuchung groß, einfach draufloszugehen und die Dinge in die eigene Hand zu nehmen. Aber oft ist das nicht Gottes Methode. Jesus hat mich in die Schule des Wartens genommen – des Wartens auf ihn.

Durch verschiedene Prüfungen habe ich Geduld gelernt. Prüfungen sind dafür da, uns zu testen. Kaum haben wir die eine hinter uns, wartet schon die nächste.

Doch Prüfungen sind auch ein Tempel für den Christen. Sie zwingen uns dazu, innezuhalten und uns vor Gott niederzuwerfen. In der Prüfung sind wir mit Jesus allein. Im 23. Psalm heißt es: „Und geht es auch durch dunkle Täler ...“ (aus Vers 4). Irgendwann ist die Prüfung zu Ende, aber diese Begegnung mit Christus hat uns für immer verändert; wir sind nicht mehr dieselben. Wie schlimm es auch kommt: Wenn wir treu weitergehen, werden wir den Lohn der Treue ernten.

Der leidende Christ ist wie der alttestamentliche Hohepriester im Allerheiligsten. Wir Menschen neigen zu Eile, doch der Tempel ist kein Ort für Eile. Der alttestamentliche Priester tat sein Werk im Allerheiligsten mit aller Sorgfalt, weil er nur ein Mal im Jahr die Gelegenheit dazu hatte. Jede Sekunde dort im Tempel war heilig, und der, der zu diesem Dienst erwählt worden war, wusste, welch eine Ehre es war, dieses Opfer vor dem lebendigen Gott darzubringen.

So wie der Hohepriester damals sollten auch wir heute sein – geduldig in dem, wozu Gott uns berufen hat, und Menschen, denen es eine Ehre ist, sich selbst Gott als Opfer hinzugeben. Die Begegnung mit Christus im Leiden ist ein heiliger, von Gott selbst verordneter Dienst im Allerheiligsten. Wenn dieser Dienst zu Ihnen kommt, betrachten Sie es als hohe Ehre, ihn tun zu dürfen. Seien Sie nicht hastig. Warten Sie auf den Herrn. Er ist bei Ihnen, so wie er bei David war, als dieser die majestätischen Worte schrieb: „… fürchte ich mich nicht, denn du, Herr, bist bei mir" (Psalm 23,4). Kann es einen besseren Ort geben?

Denken Sie in Ihren Gebeten an uns hier in Somalia. Wir senden Ihnen unsere Liebe in Christus.

2

Der einzige leere Friedhof in Syrien

Der heiße Wind des späten Nachmittags strich durch die Zweige der hohen Palmen, den stummen Wächtern über den sechstausend leeren Plätzen im größten Restaurant der Welt. Zehn Meter tiefer sprühte als Markenzeichen des Hauses ein mannshohes Wasserspiel seine Fontänen in die Luft. Es sah aus wie eine flüssige Pusteblume, deren Blütenstand hin und her wogte. Sie warf ihre zarten Wasserfächer in das Becken, das mitten zwischen den Tischen stand. Wo normalerweise Tausende von Gästen Köstlichkeiten aus Indien, China, Saudi-Arabien, dem Iran und anderen Ländern des Orients genossen, verzehrten jetzt gerade einmal dreißig Stammkunden trotzig ihr Essen.

In das friedliche Rauschen der Fontänen drangen hin und wieder die Stimmen der wenigen Angestellten, die im Inneren des Gebäudes noch ihre Arbeit taten. Drinnen warfen edle Lampen ihr warmes Licht auf Wände und Deckengewölbe – vergebliche Romantik, die heute kein Liebespaar bestaunte. In der riesigen Küche schlenderten einig wenige Köche zwischen leeren Backöfen und Herden umher; normalerweise waren hier mehrere Hundert Menschen tätig. Das Klirren eines einsamen Tellers auf dem gefliesten Boden, kurz vor dem Haupteingang der Küche, echote über die zwei Hektar Tische und Stühle und riss zwei männliche Gäste kurz aus ihrem Gespräch.

Farid Assad schaute kurz in Richtung Küche, dann wieder zurück auf den Tisch, während er lächelnd das nächste Stück warmes Fladenbrot in die Schüssel mit frischem Hummus tauchte. Er schob sich das Brot andächtig zwischen die Lippen, den Geschmack genießend, dann zeigte er über die Schulter seines Freundes auf das sechs Meter hohe Schild, das jedem, der es las, verkündete: Das Restaurant „Tor zu Damaskus" stand im Guinness-Buch der Rekorde.

„Das hier ist einfach unser Stammlokal, aber jedes Mal, wenn wir hier essen, finde ich es neu lustig, dass Leute aus der halben Welt hierherkommen, nur um anschließend sagen zu können, dass sie im größten Restaurant der Welt waren. Hier in Damaskus! Das ist doch verrückt."

Farid brach ab, um das nächste Fladenstück in die Schüssel einzutauchen. „So wenige Gäste wie heute habe ich hier noch nie gesehen, Joseph. Aber vielleicht wäre es sogar besser, es wäre gar niemand hier. Letzte Woche tobten die Kämpfe nur eine Straße weiter."

Pastor Joseph ließ seinen Blick über die leeren Tischreihen schweifen. Er war es gewohnt, ständig auf der Hut zu sein, aber hier in dem Restaurant schien definitiv keine Gefahr zu drohen. Gefahr herrschte draußen, wo die neueste Offensive der Freien Syrischen Armee in vollem Gange war. Joseph grinste seinen Freund an, der ihm gegenübersaß.

„Na, wenn hier einer aufpassen muss, dann doch du", gluckste er. „Jemand, der Assad heißt, braucht bloß seinen Namen zu nennen, und ein halbes Dutzend Terroristen heben ihre Kalaschnikows!"

Farid grinste zurück und nickte. Es stimmte ja. *Assad* war ein gängiger Name in Syrien. Und zurzeit ein gefährlicher. Vor mehreren Monaten hatte der alawitische syrische Präsident Baschar al-Assad die syrische Armee mobilisiert, um die Hauptstadt und damit seine Herrschaft zu sichern. Aber jetzt waren mehrere Rebellengruppen, allen voran die Freie Syrische Armee, dabei, ihrem verhassten Feind eine Straße nach der anderen abzujagen.

Wenn es irgendwo einen Lichtblick in diesem Wahnsinn gab, dann war es die Tatsache, dass die Front der Sunniten zerstritten war. Wenn die diversen Milizen nicht gerade in Sichtweite der Regierungsgebäude alles kurz und klein schossen, töteten sie einander, denn jede war darauf erpicht, sich die künftige Vorherrschaft in der arabischen Welt zu sichern.

Farid war fertig mit seiner Vorspeise. Er zeigte auf seinen Teller und winkte einem Kellner zu, der nichts anderes zu tun hatte, als seine beiden Kunden im Auge zu behalten. Der Kellner verschwand in die Küche, um den nächsten Gang zu bringen.

„Joseph, hast du das mit den Soldaten aus dem Iran auch gehört? Erst diese Woche hat Teheran eine ganze neue Einheit geschickt."

Der Pastor blies die Luft durch seine fast geschlossenen Lippen heraus und schüttelte den Kopf. Nein, das hatte er noch nicht gehört. Aber es würde passen. Da die Alawiten wie Präsident Assad Schiiten waren, konnten sie auf eine Unterstützung durch den Iran rechnen.

„Man sagt, dass Präsident Assad und die Ayatollahs Hoffnung schöpfen, und sie haben auch allen Grund dazu. Jetzt, wo die Sanktionen gelockert sind, wird der Iran genügend Geld haben, um diesen Stellvertreterkrieg jahrelang weiterzuführen."

„Ja", unterbrach Joseph ihn, „und unsere anderen arabischen ‚Freunde' können genauso lang die sunnitische Front bedienen. Auf der Straße flüstert man sich zu, dass die Sunniten sich länger halten werden als die Alawiten. Jetzt, wo auch die Iraner mitmischen, sind die Chancen für die Alawiten wieder besser."

Farid beobachtete ein paar Sekunden die Fontänen, bevor er antwortete. „Glaubst du, dass diese Prophezeiung im Buch

Jesaja sich erfüllt hat?" Er schaute wieder seinen Lehrer im Glauben an. In einiger Entfernung sah man den Kellner, der mit einem Teller Kebabspieße aus der Küche kam.

Farids Frage war in diesen Tagen das wohl am meisten diskutierte theologische Thema unter den Christen in Damaskus. Pastor Joseph lehnte sich zurück und verschränkte nachdenklich die Arme. „„Die Stadt Damaskus gibt es bald nicht mehr. Von ihr bleibt nur ein Trümmerhaufen übrig‘", sagte er leise, Jesaja 17,1 zitierend. „Um ganz ehrlich zu sein, ich bin mir da nicht mehr so sicher. Aber was für eine Ironie wäre es, falls Damaskus wirklich zerstört wird und das ausgerechnet von den Arabern selbst!"

Ein ohrenzerreißender Knall. Wasser schwappte über die Ränder der Springbrunnen. Der Kellner stieß mit einem Stuhl zusammen, dass die Kebabspieße über mehrere Tische flogen. Joseph schreckte hoch und schoss nach vorne. Farid packte mit beiden Händen die Kante des Tisches, dann rutschte er von seinem Stuhl und auf die Knie, Deckung suchend. Schreie der anderen Gäste mischten sich in die Echos von der Explosion. Jetzt warf sich auch Joseph zu Boden.

Die Lichter im Restaurant flackerten, dann erloschen sie ganz. Die Gäste duckten sich verstört unter ihre Tische. Dann, in rascher Folge, drei weitere Explosionen. Neue Schreie. In das Krachen draußen mischte sich das Klirren drinnen, als Hunderte von Tellern und Tassen von ihren Regalen flogen und das Durcheinander komplett machten. Farid und Joseph zuckten zusammen, ihre Hände flogen über ihre Ohren. Dicke, schmutziggelbe Wolken aus Dreck und Staub quollen über die Mauern, hinein in den Freiluft-Speisesaal. An der Flughafenautobahn, nur ein paar Hundert Meter von dem riesigen Restaurant entfernt, hatte die Regierungsartillerie gerade ihre Gegenoffensive gegen die Kämpfer der

Freien Syrischen Armee begonnen, die auf den Internationalen Flughafen vorrückten.

Dann eine unheimliche Stille, in der man nur das Rauschen – oder war es eher ein Zischen? – der Springbrunnen hörte. Farid schielte durch den gelblichen Staub, der sich langsam über das weltberühmte Lokal senkte. „Alles in Ordnung, Joseph?"

„Ich glaube schon", erwiderte Joseph, der halb unter dem Tisch kauerte. Er richtete sich vorsichtig auf, ließ den linken Arm auf den Tisch fallen und sah seinen Freund an. „Und du hast recht gehabt: Wir wären heute besser zu Hause geblieben. Aber Gott hat gerade seine Hand über uns gehalten; es hätte schlimmer kommen können."

„Was nicht ist, kann noch werden." Farid schaute zu, wie sich staubbedeckte männliche und weibliche Gäste aus ihrer Schockstarre lösten und durch den gelbbraunen Nebel langsam zu den Ausgängen gingen. „Wir sollten auch gehen."

Joseph nickte und stand auf.

Das Restaurant „Tor zu Damaskus", das damit warb, dass es sieben Tage in der Woche geöffnet hatte, würde heute früher schließen. Farid und Joseph hasteten zur nächstgelegenen Tür. Neben einer Anrichte, um die ein Berg zerbrochenes Geschirr lag, stand der Besitzer des Restaurants, Shaker Al Samman, und sah den davoneilenden Gästen hinterher. Mit den gelbbraunen Flecken im Haar und auf seinem Maßanzug erinnerte er Farid an eines der berühmten Puderzucker-Desserts des Hauses.

Farid ging auf Al Samman zu, während er aus seiner Jackentasche ein paar syrische Pfundnoten herauskramte. Der Restaurantbesitzer winkte ab. „Lassen Sie nur!", rief er dem Stammgast zu. „Kommen Sie halt wieder, wenn's wieder sicherer ist – wann immer das sein wird!"

Farid und Joseph nickten und setzten ihren Weg zum Ausgang fort. Als sie auf die Straße traten, waren die meisten anderen Gäste bereits verschwunden. Es waren keine Militärfahrzeuge zu sehen – aber auch keine Taxis. Offenbar wohnten die meisten der anderen Gäste in der Nähe und gingen zu Fuß. Zu Fuß? Dazu hatten Farid und Joseph es viel zu weit. Ihre Augen glitten über die Straße. Was nun?

Sie warteten, zwei einsame Silhouetten am Straßenrand. Fünf Minuten, zehn Minuten. Die Sonne sank unter die Dächer der Altstadt von Damaskus. Aus der Richtung des Flughafens kam ein stetiger Strom von Lieferwagen, Motorrädern und privaten Pkws. Aber kein einziges Taxi.

Es war Farid, der das Schweigen brach. „Sieht fast so aus, als ob sämtliche Taxifahrer der Stadt Lunte gerochen haben und einen Bogen um den Flughafen machen."

Die beiden duckten sich unwillkürlich, als weiter hinten die Dämmerung von erneuten Detonationen zerrissen wurde. Sie waren aber nicht so nah wie die Explosionen, die ihr Abendessen so abrupt beendet hatten.

Farid richtete sich wieder auf, zeigte mit den Händen in die Richtung der Detonationen und murmelte: „Vielleicht erfüllt sich diese Damaskusprophezeiung ja jetzt, während wir auf ein Taxi warten."

Plötzlich schlug Joseph mit dem Handrücken auf Farids Schulter und zeigte nach vorne. Keinen Meter entfernt kam ein grauer Hyundai Elantra mit quietschenden Reifen am Bordstein zum Stehen. Die Beifahrertür flog auf, sodass Farid unwillkürlich einen Schritt zurück machte. Sein Gehirn zählte die Einschusslöcher in der Tür. Eins, zwei drei … zehn.

„Rein mit euch!"

Jetzt erkannte Joseph den Mann, der sich da vom Fahrersitz zur Beifahrertür streckte und ihnen bedeutete, einzusteigen. Sein Freund Hanna Tarazi!

„Seid ihr die Einzigen in der Stadt, die nicht wussten, dass der Krieg heute Abend in dieses Viertel kommt?"

Die beiden stiegen hastig ein. Noch bevor sie die Türen geschlossen hatten, brauste Hanna los.

„Hanna, Mensch!" Farid suchte sich einen bequemen Platz auf der Rückbank. „Woher wusstest du, dass wir hier sind?"

„Gar nicht. Hab euch von der übernächsten Ecke aus gesehen. Konnte nicht glauben, wie ihr hier auf dem Präsentierteller steht – ihr müsst vorsichtiger sein! Diese Gegend ist nicht gerade der richtige Ort für Abendspaziergänge."

„Na, da ist es ja gut, dass du uns gesehen hast." Joseph legte den linken Arm auf die Lehne des Fahrersitzes, sodass die Hand fast Hannas Schulter berührte. „Die Taxifahrer scheinen jedenfalls Bescheid gewusst zu haben."

Hanna schien es nicht zu hören. Er schaute kurz in den Rückspiegel, dann drehte er den Kopf so, dass er aus dem Augenwinkel seine beiden Fahrgäste auf einmal sehen konnte. „Sie haben wieder chemische Waffen dabei." Er verzog den Mund. „Beide Seiten! Und eingesetzt haben sollen sie sie auch schon. Die Sunniten beglücken ihre eigenen Leute damit. Was ist schon das Leben von ein paar Hundert Menschen, wenn man die Sache anschließend Baschar al-Assad in die Schuhe schieben kann? Es ist zum Kotzen, dieser Krieg!"

„Hanna, wie schaffst du es, dass *du* noch am Leben bist?" Joseph sah seinen Freund an. „Du wohnst doch sozusagen im Auge des Sturms."

„Einfach ist's nicht, das kannst du mir glauben. Habt ihr die neuen Zierleisten an meinem Auto gesehen? Bin voll in eine Schießerei reingefahren, hab's von beiden Seiten abgekriegt. Musste vor einer Ampel anhalten, und schon ging's los, so plötzlich, dass ich mich nur noch ducken und beten konnte. Die Löcher rechts sind von den Alawiten, die linken von Al Kaida." Er schaute zurück auf die Straße.

„Allmählich frage ich mich, ob meine Familie nicht von hier verschwinden sollte." Hanna gestikulierte mit einer Hand in der Luft. „Die große Frage ist nur: wohin?" Er beendete seinen Monolog und schaute kurz zu seinen Mitfahrern hin. „Wo übernachtet ihr heute Abend?"

„Ich hatte eigentlich vor, bei Joseph zu übernachten und dann morgen mit ihm nach Norden zu fahren." Farid beugte sich vor, zur Rückenlehne von Josephs Sitz. „Aber er wohnt im selben Viertel wie du, und es wird eine lange Nacht werden, mit dem ganzen Feuerwerk. Nicht ganz das Richtige, um auszuschlafen. Ich finde, wir sollten heute Abend noch losfahren."

„Das ist ein Wort!"

Farid sah Hanna verdutzt an.

Der fuhr fort: „Ich fahre euch. Wird nicht einfach sein, durch die ganzen Kontrollpunkte zu kommen. Ich weiß gar nicht, ob sie überhaupt offen sind. Sieht aus, als stünden wir mal wieder an einem Scheidepunkt, wie?" Er schaute angestrengt nach vorne auf die Straße und fügte leise hinzu: „Unser Land geht vor die Hunde."

Mehrere Minuten lang schwiegen die drei Männer, dann fing Hanna wieder an. „Wir sollten nicht vergessen, uns auszutauschen, was es Neues gibt bei unseren neuen Freunden. Mein Wohnzimmer hat in der letzten Zeit viele fröhliche Besucher gesehen. Am schönsten sind die Gottesdienste, wenn es schon mitten in der Nacht ist." Er sah lächelnd zu Pastor Joseph hin. „*Jesus* hat unser Land nicht aufgegeben!"

Drei Stunden später rollte der Hyundai immer noch durch die Straßen von Damaskus. Es war ein komplizierter Zickzackkurs; zerbombte Straßen, riskante Kontrollpunkte und vorrückende

Gruppen von Terroristen und Milizionären zwangen sie zu einigen Umwegen, um aus der Stadt hinauszukommen.

Die drei Männer hatten eine ganze Stunde in angespanntem Schweigen dagesessen, als das Piepsen von Hannas Handy sie zusammenfahren ließ.

„Habibi! Wo trefft ihr euch?" Hanna wartete auf die Antwort. „Um Mitternacht, gleich nördlich von Damaskus? … Ja. … Ja, ich glaube, wir schaffen das!"

Er drückte mit dem Daumen die Taste, die das Gespräch beendete, und grinste seine Fahrgäste an. „Tja, Freunde, sieht so aus, als ob wir heute Abend doch in der Nähe von Damaskus bleiben. Man hat uns gerade zu einem Treffen eingeladen. Mehr kann ich euch im Augenblick nicht sagen, außer dass der Norden heute Abend ruhig zu sein scheint. Also keine Bange."

Eine Viertelstunde nach Mitternacht hielt der Wagen vor einem verdunkelten Haus in einem nördlichen Vorort der syrischen Hauptstadt. Hanna drehte sich zu seinen Fahrgästen hin und bedeutete ihnen, leise zu sein. Sie schlossen vorsichtig die Türen des Wagens und glitten zu dem unbeleuchteten Eingang des Hauses. Hanna winkte seinen Freunden, ihm zu folgen, dann drehte er den Knauf der Tür und öffnete sie.

Drinnen war es pechschwarz. Die zugezogenen Vorhänge ließen keinen Lichtstrahl von außen in das Gebäude. Farid und Joseph blieben stehen und lauschten Hannas gedämpftem Schritt, wie er durch die Dunkelheit weiterging. Als ihre Augen sich an die Umgebung gewöhnt hatten, merkten sie, dass der Raum, in dem sie sich befanden, nicht völlig ohne Licht war. Weiter vorne leuchtete unter einer Tür ein dünner Lichtstreifen, der die Silhouette von Hannas Beinen sichtbar machte. Jetzt hörten sie, wie er einen zweiten Türknopf drehte. Ein plötzlicher goldener Schein fiel in den Flur und zeigte eine Treppe, die nach unten führte.

Die drei Männer gingen langsam die Treppe hinunter, die offenbar ins Kellergeschoss führte. Das Licht wurde heller. Am unteren Ende der Treppe öffnete Hanna die nächste Tür. Plötzlich helles Licht. Und Singen. Farid und Joseph standen wie angewurzelt da. In dem Raum hinter der Tür standen mindestens dreißig Personen Schulter an Schulter; viele hatten die Hände anbetend erhoben. Sie sangen voller Begeisterung. Farid fragte sich, was für eine Schallisolierung es war, die dafür sorgte, dass man von draußen diese wunderbare Musik nicht hören konnte.

Sie traten in den Raum. Joseph drückte Farid auf die Schulter und zeigte auf mehrere der Anwesenden. Farids Augen wurden groß, er nickte langsam. Das hier – das gab es doch nicht! Sunniten und Alawiten – ehemalige Erzfeinde – einträchtig vereint. Einige hatten einander die Hände auf die Schultern gelegt. Die meisten nickten im Takt der Musik. Und alle Gesichter strahlten.

Ein paar Straßen weiter, Richtung Süden, verbrachten Sunniten und Alawiten die Nacht damit, aufeinander zu schießen; hier waren sie einträchtig zusammen, um ihren gemeinsamen Erlöser anzubeten.

Joseph flüsterte Farid ins Ohr: „Ich fühle mich geehrt, dass ich hier sein darf."

Farid nickte. Die beiden Männer spürten die ganze Heiligkeit dieses Augenblicks. In den Nachbarvierteln war buchstäblich die Hölle los – hier in diesem Raum war es der Himmel.

Gute dreihundert Kilometer nördlich drückte ein sunnitischer Mann, der etwas über zwanzig sein mochte, den Lauf einer halb automatischen Pistole an die Schläfe von Haytham

Assad. Farids Vater war überrascht, dass die beiden Terroristen so früh bei ihm angeklopft hatten. Sie waren die Vorhut einer größeren Gruppe. *Die wollen sich wohl ihre Lorbeeren sichern, bevor die erfahreneren Dschihadisten sie ihnen wegnehmen können.* Der ältere Mann saß wie erstarrt. Ihm schwante das Schlimmste.

„Ich habe kein Geld, und wenn ich welches hätte, würde ich es euch nicht geben. Ich bin ein Pastor."

„Dein Jesus ist ein Schwächling." Der Schweiß lief dem Eindringling über die rechte Wange. „Ihr braucht eine Lektion, du und deine christlichen Freunde."

In einer Ecke des Wohnzimmers saß Suhad, Haythams Frau, und weinte leise vor sich hin. Sie wusste, dass in dem Mietshaus am Vormittag schon fünf Nachbarn getötet worden waren. Nur nichts tun, was diese schießfreudigen Leute provozieren konnte …

„Jesus ist alles andere als ein Schwächling." Haytham drehte den Kopf halb vom Lauf der Pistole weg und schielte zu dem Mann neben ihm hin.

Der Komplize, der in der Wohnungstür gestanden hatte, machte Anstalten, zu Haytham in die Mitte des Zimmers zu treten. Der Mann mit der Pistole winkte ihn mit dieser weg, dann zeigte er mit ihr zur Decke hoch. „Wenn er so mächtig war, warum ist er dann nicht vom Kreuz runtergestiegen? Sagen Sie mir das, Mr Christ!" Er spuckte dicht an Haythams Wange vorbei.

Der Pastor sah die beiden Männer in seinem Wohnzimmer an. „Er *wollte* nicht vom Kreuz herabsteigen! Er kam ja in die Welt, um ans Kreuz zu gehen – um dort für meine Sünden zu bezahlen. Und für eure."

„Meine Sünden zahl ich damit, dass ich dir 'ne Kugel in den Kopf jage!" Der Mann mit dem verschwitzten Gesicht senkte den Lauf seiner Waffe wieder, richtete ihn auf Haythams Schläfe und drückte ab.

Auf das Singen folgte eine bewegende Fußwaschungszeremonie. Neubekehrte Christen alawitischer Herkunft stellten Wasserschüsseln auf den Boden und wuschen die Füße ihrer vormals sunnitischen Brüder und Schwestern. Farid, Joseph und mehr als einem Dutzend anderer kamen die Tränen. Dann waren die Christen sunnitischer Herkunft an der Reihe. Mehr Tränen. Ein ehemaliger Alawit küsste vor Freude aufschluchzend den Kopf des ehemaligen Sunniten, der ihm die Füße wusch. Als sie fertig waren, umarmten die beiden Männer sich weinend, sodass ihre Schultern von den Tränen nass wurden.

Farid hörte, wie ein anderer ehemaliger Sunnit die Füße eines Alawiten abtrocknete und ihm sagte: „Bitte vergib mir, wie meine Leute deine Leute behandelt haben. Jesus wusch die Füße seiner Jünger aus Liebe und Demut. Ich wasche deine in demselben Geist."

Zwei Stunden lang ging der Anbetungsgottesdienst weiter. Als das Singen, Beten und Fußwaschen zum Ende kam, bedeutete Majeed Husain – der Bruder eines alawitischen Scheichs – der Versammlung, auf dem Fußboden Platz zu nehmen. Er selbst blieb stehen und begann: „Unser Herr hat uns heute hier zusammengebracht. Ich hatte monatelang diese Träume, die ich mir nicht erklären konnte. Ich konnte sie nicht abschütteln. Schließlich begann ich, im Neuen Testament zu lesen. Als ich zu der Stelle im Matthäusevangelium kam, wo Jesus sagt: ‚Folge mir', war ich sprachlos. Genau das hatte er mir in jedem meiner Träume gesagt!

Als ich Jesus in mein Herz aufnahm, füllte er es so mit Liebe, dass ich nicht mehr hassen konnte. Dann kam der Tag, wo Kamal mich zu einer Tasse Tee einlud." Er nickte zu ei-

nem Mann hin, der zu seiner Rechten auf dem Boden saß.
„Die Einladung war ein großes Risiko für ihn.

Voller Freude entdeckte ich, dass ich nicht allein war. Auch anderen Menschen war Jesus begegnet. Viele hatten ganz ähnliche Träume gehabt wie ich.

Stellt euch das vor: Kamal aus einer sunnitischen Familie hat mich, der ich aus einer alawitischen Familie komme, zu Jesus geführt, der aus einer jüdischen Familie kam. So wurde ich ein Glied der christlichen Familie!" Mehrere Anwesende lachten. „Was für ein großartiger Friedensplan!"

Kamal erhob sich und stellte sich neben Majeed. Der nickte und nahm Platz.

Kamal fuhr fort, wo Majeed aufgehört hatte. „Viele Jahre haben Sunniten und Alawiten Seite an Seite gelebt. Gut, wir hatten unsere Differenzen. Aber dieser Krieg hat unsere Nation auseinandergerissen. In den letzten vier Jahren habe ich mehr Tod und Zerstörung erlebt als in den vierzig Jahren meines Lebens davor. Aber Jesus liebt Syrien." Er schaute zu Majeed hinunter. „Majeed, mein Bruder, im vierten Kapitel des Matthäusevangeliums steht auch: ‚Und die Kunde von Jesus erscholl durch ganz Syrien.'

Und das ist der Grund, warum wir heute hier sind. Jesus hat uns aus der Welt, aus diesem Krieg und aus unseren Familien herausgerufen, um seine Zeugen in Syrien zu sein!" Kamal hielt inne und ließ seinen Blick langsam über die Versammlung gleiten, wobei er jedem Einzelnen in die Augen schaute. Dann fuhr er fort: „Dies wird uns das Leben kosten. Wir werden sterben müssen für die Sache Jesu. Die Jesusbotschaft ist das genaue Gegenteil von dem ethnischen und religiösen Hass, der unser Land kaputt macht.

Der Feind ist gekommen, um zu trennen und zu spalten. Wir werden ihn besiegen, indem wir *zusammenstehen*. Der

Satan jubiliert über all den Tod um uns herum." Kamal lächelte. „Er glaubt, dass er gewonnen hat, aber bald wird Jesus ihn *vernichten*. Und Jesus wird das tun, was nur Er tun kann. Allein Jesus kann alle Stämme, Sprachen und Völker zusammenbringen. Allein Jesus kann ein Herz, das vom Hass beherrscht wird, rein machen."

Als Kamal und Majeed fertig waren, löste sich die kleine Versammlung auf. Nacheinander, einzeln oder zu zweit, gingen die Teilnehmer still die Treppe hoch in die Dunkelheit. Es war fast drei Uhr morgens, als Hanna Farid und Joseph in ein leeres Zimmer irgendwo oben führte, wo sie die Nacht verbringen konnten. Mit tiefem Frieden im Herzen schlief Farid auf dem mit Teppichen belegten Boden ein.

Das Klingeln seines Handys weckte Farid. Er schielte zu dem fahlen Licht hin, das durch die geschlossenen Vorhänge kam. Die Sonne war noch nicht richtig aufgegangen. Er drückte die Taste, um das Gespräch entgegenzunehmen, vor dem er solche Angst hatte; gleich würde er hören, was die Terroristen in Latakia mit seinen Eltern gemacht hatten.

Die Stimme seines Vaters. Erleichterung. Im Hintergrund das Weinen seiner Mutter, während Haytham Assad ihm über die traumatische nächtliche Begegnung mit den beiden Terroristen berichtete. Der eine von ihnen hatte ihm angedroht, ihn zu töten, und direkt an seinem Kopf den Abzug einer ungeladenen Pistole gedrückt.

Terroristen der al-Nusra-Front (ein Ableger von Al Kaida) kämmten die Häuser systematisch nach „Abtrünnigen" durch. Wer nicht bereit war, zum Islam überzutreten, indem er die *Schahada*[2] nachsprach, musste ein hohes Kopfgeld zah-

---

[2] Die Schahada ist das islamische Glaubensbekenntnis: „Es gibt keinen Gott außer Gott, und Mohammed ist sein Gesandter."

len. Konnte oder wollte er dies nicht, bekam er prompt eine Kugel in den Kopf. Die Terroristen hatten bereits eine lange Blutspur hinter sich gezogen, als sie in dem Viertel ankamen, wo Farids Eltern wohnten.

Haytham Assad erging sich nicht in Einzelheiten, aber Farid wusste auch so, wie ernst die Lage seiner Eltern war. In der Nacht, in dem wunderbaren Gottesdienst, hatte er Freudentränen geweint; jetzt, als das Gespräch beendet war, weinte er aus Angst um seinen Vater und seine Mutter.

Haytham hatte versucht, die Sache herunterzuspielen, aber Farid wusste, dass sein Vater keine Kompromisse mit den Terroristen eingehen würde. Niemals würde er seinen Glauben verraten und zum Islam übertreten. Wie oft hatte er schon davon gesprochen, für Jesus zu sterben, als ob er spürte, dass das sein Schicksal war.

Farid wischte sich die Tränen von den Wangen und holte tief Luft. Er hatte einen Entschluss gefasst. Er würde zu seinen Eltern fahren und sie in ein sicheres Haus bringen. Er würde ihnen klarmachen, dass es keine andere Wahl gab. Er schloss die Augen und betete still, dass er nicht zu spät käme. Dann drehte er sich zu Hanna und tippte ihm auf die Schulter. Hanna bewegte sich und schlug die Augen auf.

„Hanna, wir müssen fahren."

Joseph fuhr nicht mit. Er würde schon irgendwie anders nach Hause kommen. So saßen nur Farid und Hanna in dem Auto, als es von Damaskus Richtung Norden brauste. Selbst im günstigsten Falle würde die Fahrt dreieinhalb Stunden dauern, aber zwischen Damaskus und Latakia lag Homs. Die Kontrollpunkte dort würden fast mit Sicherheit Probleme bereiten. Und dann natürlich die Kämpfe. Farid berichtete Hanna, was er über die aktuelle Lage in Homs wusste.

„Homs wird gerade belagert, aber unser Weg führt mitten durch die Stadt. Wenn wir es bis nach Homs schaffen und dann anschließend in Richtung Westen abgebogen sind, wird es wahrscheinlich kein Zurück mehr geben." Farid hielt inne und dachte nach. „Ich hab einen Freund in der Gegend, der bestimmt weiß, wie der neueste Stand ist. Ich ruf ihn eben mal an."

Er holte das Telefon aus seiner Jackentasche, ging die Kurzwahlliste durch und wählte die Nummer des Freundes.

„Mosab! … Ja, mir geht's gut. Ich bin auf dem Weg nach Latakia. Wie sieht's gerade in Homs aus? Weißt du was?" Hanna sah aus dem Augenwinkel, wie Farid immer blasser wurde, während er der Stimme am anderen Ende der Leitung zuhörte. Jetzt keuchte er auf.

„Nein! Das ist ja furchtbar! Wie viele? Wann?" Farid hörte weiter zu. „Ja, Mosab. Wir werden vorsichtig sein."

Er beendete das Gespräch und starrte sein Handy an. Schweigen; Hanna kam es wie eine halbe Ewigkeit vor. Er schaute mehrfach kurz zu seinem Freund hin. Einerseits konnte er es nicht erwarten, zu hören, was Farid gerade erfahren hatte, andererseits hatte er Angst davor.

Mehrere Minuten der Stille vergingen, in denen Farid den Blick weiter wehmütig auf das Telefon in seiner Hand gerichtet hielt, als könne es die Worte zurücknehmen, die da gerade aus ihm gedrungen waren. Dann sagte er leise: „Heute Morgen haben sie am Stadtrand von Homs sieben Männer enthauptet. Es waren alles junge Christen. Vorher haben sie sie noch gefoltert, hat Mosab gesagt."

Er wandte den Kopf ruckartig zu Hanna. „Mosab hat auch gesagt, dass wir besser umkehren sollten." Er musterte das Gesicht seines Freundes; wie würde er reagieren? Aber Hanna fuhr schweigend weiter.

„Du weißt, dass ich nicht zurückkann, oder?"

Hanna warf ihm einen kurzen Blick zu. „Natürlich kannst du nicht zurück. Genauso wenig wie ich!" Er trat das Gaspedal durch.

Zwanzig Minuten vor Homs war der Verkehr erstaunlich schwach. Farid und Hanna spekulierten, dass die Soldaten anderswo dringender gebraucht wurden und die Kontrollpunkte daher gerade nicht besetzt waren. Aber wer wusste, welche anderen Gefahren dafür vor ihnen lagen?

„Farid, kannst du beten, während ich fahre? Es ist jetzt nicht mehr weit zu dem Abzweig nach Latakia. So weit ist alles glattgelaufen, aber ich hab so ein dummes Gefühl in der Magengegend."

Farid betete stumm um Gottes Schutz und Leitung, während seine Augen wachsam die Straße vor ihnen fixierten. Hanna betete ebenfalls und mehrere Minuten lang sagte keiner der beiden etwas.

Jetzt fuhr Hanna auf die Ringautobahn; hier begann die Strecke, die nach Westen zur Küste führte. Der Wagen verließ die Einfädelspur; vor ihnen lag ein längeres gerades Stück. Plötzlich zeigte Farid nach vorne. Ein paar Hundert Meter weiter vorne kam von rechts, über eine Wiese, vielleicht ein Dutzend Männer mit Gewehren gerannt. Jetzt leuchteten die Bremslichter mehrerer Autos vor ihnen auf. Gleichzeitig hörte man Schüsse. Farid, der sich mit den Waffen der verschiedenen Milizen etwas auskannte, erkannte die Gewehre: AS 50-Scharfschützengewehre aus britischer Herstellung. Die Männer auf der Wiese hatten angehalten und das Feuer auf die Fahrzeuge auf der Autobahn eröffnet.

Sie sahen, wie drei der Wagen vor ihnen ins Schlingern kamen und einander streiften. Ein roter Kia Rio flog nach rechts von der Straße und landete im Graben. Ein zweiter Kia rutschte seitwärts die linke Fahrspur entlang, und der dritte Wagen, ein Hyundai, schoss nach links und riss ein dort fahrendes Motorrad mit auf den Mittelstreifen.

Hanna war sofort klar: Jetzt anhalten wäre der sichere Tod. Er drückte das Gaspedal durch. Zwei weitere Autos vor ihnen wurden von den Kugeln getroffen; das eine schleuderte nach links, das andere nach rechts.

Farid ließ sich auf den Boden des Elantra fallen, während Hanna, halb auf der rechten, halb auf der linken Fahrspur, durch die Lücke schoss. Das Rattern der Schüsse wurde leiser. Die beiden Freunde sahen einander an, die Augen weit aufgerissen.

Neunzig Minuten später gingen die beiden auf Zehenspitzen die Treppe zur Wohnung von Farids Eltern hoch. Oben gebot Farid Hanna mit einem Handsignal zu warten, dann legte er sein linkes Ohr an die Tür. Er hörte nichts. Er drehte vorsichtig den Türknopf. Die Tür war unverschlossen.

„Mutter? Vater?" Farid ging hinein, sein Blick fuhr durch die Wohnung. Haytham und Suhad Assad saßen am Küchentisch. Als ihr Sohn hereintrat, schauten sie von ihrem Tee hoch und lächelten. Mehrere Sekunden stand Farid da und schaute seine Eltern an, die gesund und munter waren.

Haytham erzählte ihm das, was er vor fünf Stunden, bei dem Telefongespräch, nicht über die Lippen gebracht hatte. „Die beiden Männer, von denen ich dir vorhin erzählt habe, haben gesagt, dass sie morgen wiederkommen, um entweder meine Bekehrung anzunehmen oder das Lösegeld für mein Leben." Sein Lächeln verflog. „Sie wollen 10.000 Dollar. Ha! Die wissen genau, dass ich nicht so viel Geld habe; ich hab ihnen doch gesagt, dass ich Pastor bin!"

Sein Sohn blinzelte, nickte, trat in die Küche und umarmte seine Eltern.

Farid tätigte noch einen Anruf, um zu sehen, ob das sichere Haus, das er für seine Eltern im Auge hatte, zur Verfügung stand. Am Abend, zur Essenszeit, saßen Haytham und Suhad auf einem Sofa im Wohnzimmer einer Wohnung, die eine Autostunde südlich von Latakia lag, ebenfalls an der Mittelmeerküste. Unterwegs hatte Farids Vater darauf bestanden anzuhalten, damit er eine muslimische Familie besuchen konnte.

„Farid, ich weiß, du hältst mich für verrückt", sagte er anschließend, „aber sie hatten mich erst gestern angerufen. Der Vater hat diesen Monat acht Träume von Jesus gehabt. Er hatte Fragen."

Farid schüttelte aufseufzend den Kopf. „Vater, bei dir kann ich mir eine Flucht gar nicht anders vorstellen. Ich weiß doch, dass du keine Gelegenheit auslässt, mit den Leuten über Jesus zu reden, und wenn der Himmel einstürzen würde."

Der Ort, in dem die Wohnung lag, war bisher von den „Säuberungsaktionen" der Islamisten verschont geblieben, die in den größeren Städten wüteten. Hanna, Farid und Farids Eltern würden in dieser Nacht gut schlafen, und am Morgen würden Hanna und Farid nach Damaskus zurückfahren. Dort sollte in der folgenden Nacht das nächste Treffen der Christen stattfinden.

Am Morgen kamen alle überein, dass Haytham und Suhad so lange in dem sicheren Haus bleiben würden, wie es nötig war. Latakia war zurzeit einfach zu gefährlich und Farid fand, dass es auch keine Alternative war, seine Eltern zu sich nach Damaskus zu holen. Und so traten Farid und Hanna am Nachmittag die Rückfahrt nach Damaskus an, in dem Wissen, dass Haytham und Suhad fürs Erste in Sicherheit waren.

Die Fahrt verlief bemerkenswert glatt. Als sie Damaskus erreichten, bogen sie ein Stück nach Osten ab, um den schlimmsten Vierteln auszuweichen. Als sie in Hannas Viertel ankamen, war alles ruhig. Die beiden Männer sprachen leise ein Dankgebet, auch wenn dies nur die Ruhe vor dem nächsten Sturm war.

In der folgenden Nacht, pünktlich um zwei Uhr, trafen sich zehn führende Männer aus der christlichen Gemeinde vor Ort im Keller eines Hauses. Die Männer begrüßten sich wortlos und schoben sich in den Versammlungsraum. Als alle saßen, stand Farid auf und begann, so leise, dass es fast nur ein Flüstern war:

„Wenn wir und unsere Familien die Stadt nicht bald verlassen, weiß ich nicht, ob wir später noch lebendig herauskommen werden. Erst vorgestern haben sie in Latakia meinem Vater eine Pistole an die Schläfe gehalten und ihn bedroht, und Hanna und ich wären auf unserer Fahrt durch Homs fast ums Leben gekommen. Es scheint, dass das Chaos in Syrien inzwischen der Normalzustand ist." Farid unterbrach sich und musterte die Gesichter vor ihm. „Ich frage mich wirklich, ob dies noch das richtige Land für unsere Kinder ist. Wir müssen im Gebet Gottes Führung suchen. Ich möchte uns zu einer Woche des Gebets und Fastens aufrufen.

In der Bibel befand sich König Hiskia in Jerusalem einmal in einer ähnlich verzweifelten Lage wie wir heute. Der Assyrerkönig Sanherib drohte öffentlich mit der Zerstörung der Stadt, und er hatte die Mittel, diese Drohung wahr zu machen. Hiskia konnte der assyrischen Dampfwalze aus eigener Kraft nichts entgegensetzen. Die Assyrer hatten auf ihrem Marsch nach Israel bereits eine blutige Spur der Verwüstung durch das gezogen, was heute unser Land ist, wie auch durch den Libanon."

Farid hob die rechte Hand und zeigte zur Decke. „Aber Hiskia war so unserem himmlischen Herrn ergeben, dass er der Versuchung widerstand, auf eigene Faust zu handeln. Er nahm den Drohbrief des assyrischen Königs und breitete ihn auf den Stufen des Tempels vor Gott aus.

Hiskia suchte den Herrn. Er betete. Und er wartete – aber nicht lange." Farid lächelte. „Schon am folgenden Tag hat Gott ihm geantwortet. Er schickte einen Engel in das Heerlager der Assyrer, der ihre Armee vernichtete."

Farid hielt erneut inne und faltete seine Hände auf der Brust. „Heute stehen wir in einer ähnlichen Situation. Gott allein hat die Antwort. Lasst uns ab heute, jeder für sich, sieben Tage lang diese Frage ihm vorlegen: Sollen wir in Syrien bleiben oder gehen? Lasst uns eine Woche lang alles andere ruhen lassen, bis auf das Wichtigste – das Gebet.

Wenn ihr in dieser Woche den Eindruck bekommt, Gott will, dass ihr und eure Familien das Land verlasst, dann brecht so bald auf, wie ihr könnt. Ruft er euch dagegen auf zu bleiben, dann kommt wieder hierher, zu unserer nächsten Versammlung, in genau einer Woche zur gleichen Uhrzeit."

Farid breitete die Hände aus. „Es kann sein, dass der Herr für euch etwas anderes vorhat als für mich. Das ist völlig in Ordnung und niemand muss sich gedrängt fühlen, sich so oder so zu entscheiden. Wir wollen keine Helden sein, wir wollen Gottes Willen für uns und unsere Familien. Egal, ob wir bleiben oder gehen, wir nehmen von Jesus die Botschaft der Liebe und Vergebung mit."

Alle nickten. Farid schloss die Augen und hob seine Hände über den Kopf. „Und jetzt lasst uns beten, bevor wir gehen."

Sieben Tage danach herrschte auf den Straßen von Damaskus das Chaos. Auf Farids Standardroute zu der Versammlung wurde in bestimmt einem Dutzend Häuserblocks geschossen, und auf der Ausweichstrecke kam er nur langsam voran, weil viele Straßen beschädigt waren. Mit einer halben Stunde Verspätung erreichte er endlich das Haus. Würde er einen leeren Raum vorfinden? Er hatte es ernst gemeint, als er sagte, dass niemand sich verpflichtet fühlen müsse zu bleiben, aber insgeheim hoffte er, dass doch wenigstens noch ein oder zwei andere zu der gleichen Entscheidung gekommen waren wie er. Er war zwar bereit, auch alleine ins Martyrium zu gehen, aber es wäre doch schön, wenn er bis dahin Gemeinschaft mit einigen anderen Christen haben könnte.

Er stieg in den Keller hinunter. Vor der Tür blieb er kurz stehen, dann drehte er langsam den Türknopf. Ein schummriges Licht empfing ihn, und dann – klappte ihm der Unterkiefer herunter. Auf dem Fußboden saßen fünfundzwanzig Männer, die zu ihm aufsahen. Alle zehn, die letzte Woche da gewesen waren, waren wiedergekommen, und fünfzehn neue Christen hatten sie mitgebracht.

Einer nach dem anderen berichteten die zehn, wie Gott ihnen gezeigt hatte, dass sie bleiben sollten, und mehrere der Neuen erzählten, wie sie zum Glauben an Jesus gekommen waren. Die nüchtern-freudige Entscheidung, in Syrien zu bleiben, brachte die Versammelten zu einem Tagesordnungspunkt, den man in wenigen Gemeindeversammlungen findet: Sie beschlossen, Geld zusammenzulegen, um ein Stück Land zu kaufen – für den Friedhof, auf dem sie, wenn das Unvermeidliche kam, einander beerdigen würden.

Eine Botschaft von Farid

So viele Brüder und Schwestern sind schon umgebracht worden. Anscheinend ist unsere kleine Gemeinde die einzige, die einen leeren Friedhof in Syrien besitzt. Als dieses Buch geschrieben wurde, war noch keiner von uns gestorben, und wir begrüßen einander mit den freudigen Worten: „Der Friedhof ist immer noch leer!" Wir alle wissen, dass er nicht leer bleiben wird, aber bis dahin sind wir dankbar.

Der Satan wütet in Syrien, als brüllender Löwe, der die Gemeinde vernichten will. Täglich geht das Foltern und Morden weiter. Jeden Monat hören wir von neuen Terrorgruppen, die sich gebildet haben, und jede scheint die anderen noch an Grausamkeit überbieten zu wollen.

Ich glaube, am meisten Angst haben die Jünger von Jesus in Syrien vor den Kreuzigungen. Der Tod am Kreuz ist etwas Furchtbares, dazu kommen noch der Spott und die Grausamkeiten der Zuschauer, bevor die Opfer dann endgültig an das Kreuz genagelt werden.

Manche Christen, denen die Kreuzigung droht, sind noch jung im Glauben, und ich kann ihnen nicht böse sein, wenn sie Angst haben. Aber ich glaube, es ist eine Ehre, so für Jesus zu sterben. Vor zweitausend Jahren ging das Lamm Gottes in Jerusalem ans Kreuz, nur gute dreihundert Kilometer von Damaskus entfernt. Heute hängt das Damoklesschwert der Kreuzigung erneut als eine sehr reale Möglichkeit über unseren Köpfen, gerade so wie damals bei den Christen der jungen Kirche.

Aber was auch geschieht, die entscheidende Frage ist doch: Sind wir nicht eigentlich sowieso schon gestorben? Paulus, der hier in Syrien seine Bekehrung erlebte, schreibt in einem seiner Briefe: „Ich bin mit Christus gekreuzigt."

Ich finde, dass es ein Vorrecht für die Christen in Syrien ist, so greifbar an diese Tatsache erinnert zu werden. Warum? Nun, früher dachte ich immer, dass ich ein opferbereites Leben führte, aber das wurde anders, als der Krieg kam. In Syrien gibt es wenige Christen und sie waren auch früher schon in Gefahr, aber ich wusste nicht wirklich, was es bedeutet, Opfer für Gott zu bringen. *Opfer waren für mich schlicht etwas Lästiges, dem man auszuweichen hatte.*

Mit dem Kauf unseres Friedhofs haben wir das Recht auf ein selbstbestimmtes Leben aufgegeben. Wir haben den Weg beschritten, der in den gewaltsamen Tod führt, ob durch eine plötzliche Kugel in den Kopf, die Enthauptung oder eben die Kreuzigung. Unser Leben liegt in Gottes Hand.

Es macht einen erstaunlich frei, keine Erwartungen und Pläne für morgen zu haben. Die Frage, mit der ich und viele andere jeden neuen Tag beginnen, lautet: „Jesus, was hast du mit mir und meiner Familie heute vor?" Allein das ist wichtig. Nur wie ich für Jesus lebe, zählt, alles andere ist unwichtig. Wenn ich mein Leben ganz in die Hände meines Herrn lege, in dem Wissen, dass jeder Tag mein letzter auf dieser Erde sein kann, habe ich einen Frieden wie nie zuvor.

Einer meiner Helden aus der Geschichte der Kirche ist Hieronymus, der Ende des 4. Jahrhunderts die Vulgata schuf, die maßgebliche lateinische Übersetzung der Bibel. Das Lateinische war damals die gebräuchliche Sprache vieler Menschen im Mittelmeerraum. Hieronymus war so darauf bedacht, dass jeder Tag seines Lebens für Christus zählte und er sein Werk zum Abschluss brachte, dass er sich eine höchst ungewöhnliche Gedächtnisstütze anfertigte. Sie sollte ihm zeigen, wie wertvoll jeder Tag war und wie schnell er sterben konnte: Er befestigte einen Totenschädel mit einer Kette an einem Fuß. Dreht Ihr Leben sich vor allem um Jesus oder sind Ihnen andere Dinge wichtiger? Wenn Sie jeden Augenblick sterben können, ist das eigentlich die einzige Möglichkeit. Aber auch wenn der Tod noch weit weg ist – wir sind dazu berufen, ganz für Gott zu leben, was auch kommen mag. Wer so lebt, findet die tiefste Erfüllung, die in dieser Welt möglich ist.

Als Paulus, der Christenverfolger, Jesus begegnete, gab er alle seine „Rechte" auf und wurde dadurch zu einem „lebendigen Opfer", wie er es an die Christen in Rom formulierte (vgl. Römer 12,1).

Beten Sie für uns in Syrien, aber fühlen Sie sich bitte nicht schlecht wegen uns. Wir waren noch nie so frei wie heute. Und obwohl wir bereit sind zu sterben, ist unser Friedhof bis jetzt leer.

3

Syrische Flüchtlinge, nicht vergessen

„Es folgt der Stammbaum Ismaels … Die Namen der Söhne sind nach der Geburtsfolge angegeben: Nebajot, Kedar, Adbeel, Mibsam, Mischma, Duma, Massa, Hadad, Tema, Jetur, Nafisch und Kedma" (1. Mose 25,13-15).

Für Rafiq war *Hadad,* der achte Name im alten Stammbaum seiner Vorfahren, der schönste. Mit Stolz und einem Schuss Humor erklärte er gerne Kollegen und Freunden, dass seine Familie sich bereits ganze zwei Generationen, nachdem Abraham sein Zelt in Hebron aufgeschlagen hatte, in Damaskus niederließ. Seit Jahrhunderten, wenn nicht gar Jahrtausenden gehörten die Hadads in dieser Stadt gewissermaßen zum Inventar.

Doch in der jetzigen Situation schienen Rafiq Hadad weder seine illustre Ahnentafel zu helfen noch die Beziehungen durch die sieben blühenden Unternehmen, die er in Damaskus persönlich aufgebaut hatte. Seine Frau machte sich Sorgen.

„Mama, wo bleibt Papa so lange?" Hania Hadads Kopf erschien im Badezimmerspiegel ihrer Mutter.

„Er kann jeden Augenblick kommen, Schatz." Hania stand hinter ihrer Mutter in der Tür. Dori Hadads Augen wanderten kurz zu dem Bild der Fünfzehnjährigen im Spiegel, dann wieder zurück zu ihrem eigenen.

Die Mutter hob den Zeigefinger an ihre Stirn, strich die Augenbrauen glatt und studierte ihr Make-up, wie jeden Abend, bevor Rafiq nach Hause kam. Was immer er an anderen Frauen fand, sie war entschlossen, ihm keinen Grund zu liefern, sie zu ignorieren. Ihre makellose olivfarbene Haut, mit genau der richtigen Dosis Farbe akzentuiert, war der perfekte Rahmen für ihre bezaubernden grünen Augen. Dori war zufrieden und hoffte, dass Rafiq es ebenfalls sein würde, zumindest für diesen Abend.

Sie starrte ihr Spiegelbild noch ein paar Sekunden an, dann seufzte sie und ihre Augen blickten zu dem Handy, das links von ihr auf der Kommode lag. Rafiq hatte ihr versprochen, um Punkt sechs Uhr zu Hause zu sein – nein, nicht sechs Uhr „arabische Zeit", sondern Punkt sechs. Der mittlerweile bereits vier Jahre alte Krieg in Syrien wurde mit jedem Tag gefährlicher, und die beiden Eheleute hielten ein wachsames Auge aufeinander.

Die Zufahrtsschranken und Wachleute ihres exklusiven Wohnviertels taugten zur Abschreckung gewöhnlicher Diebe; für sunnitische Milizionäre, die hinter alawitischen Regierungsbeamten und ihren tatsächlichen oder vermeintlichen Sympathisanten her waren, waren sie kein Hindernis. Doch es gab *einen* wirksamen Schutz gegen die Terroristen, von dem Dori inständig hoffte, dass er ihren Mann auch heute Abend nicht im Stich lassen würde. Die hadadsche Villa war ein Aushängeschild des nicht unbeträchtlichen Reichtums der Familie und hätte ausgereicht, um zwanzig syrischen Durchschnittsfamilien Unterkunft zu bieten. Durch seinen Reichtum hatte Rafiq seine Bedränger bislang immer zufriedenstellen können, indem er ihnen anbot, sie mit Waffen zu versorgen. Sie hatten nicht darauf bestanden, dass er aktiv mitkämpfte. Im Laufe der letzten Jahre hatte Rafiq Hunderte Schusswaffen und große Mengen Munition für die Freie Syrische Armee gekauft.

Hatte er vielleicht eine späte geschäftliche Besprechung? Dori hätte es gerne geglaubt, aber nein, sie fürchteten ihn doch längst beide, den Tag, an dem die Freie Syrische Armee mehr von Rafiq verlangen würde als sein Geld. Letztlich konnte ein Mann nur durch den persönlichen Einsatz an der Front beweisen, dass er wirklich ein Diener der guten Sache war. Früher oder später kam er für jeden, der Augenblick der Entscheidung: Wollte er mitkämpfen (und irgendwann dabei zu Tode kommen) oder sich weigern (was den sofortigen Tod bedeutete)?

Ob im Geschäftsleben oder im Krieg, Rafiq Hadad war Pragmatiker. Um das so nützliche Image des praktizierenden sunnitischen Muslims zu pflegen, ging er jede Woche zum Freitagsgebet. Die Teilnahme am Freitagsgebet war für einen Muslim Pflicht, und die berühmte Umayyaden-Moschee oder „Große Moschee" von Damaskus war die perfekte Kulisse für einen bekannten Geschäftsmann. Aber für Rafiq war der Gottesdienst nur ein Termin unter vielen in seinem übervollen Terminkalender, eine Pflichtübung zur Kundenpflege. Jegliche echte Frömmigkeit, die es in seinem Herzen gegeben haben mochte, war längst verflogen. Was auch immer er früher für den Islam gefühlt hatte, die Morde und Gräueltaten im Namen Allahs hatten es ihm gründlich ausgetrieben.

Hinter der frommen Maske versteckt lagen die gefährlichen politischen Präferenzen, die Rafiq Hadad als Geschäftsmann hatte. Seiner Meinung nach war es für die Wirtschaft Syriens viel besser, wenn es Präsident Baschar al-Assad und den Alawiten gelang, an der Macht zu bleiben. Der Assad-Clan verstand es, islamische Fanatiker in Schach zu halten.

Baschars Vater, Hafez al-Assad, hatte Syrien mithilfe einer weitverzweigten Geheimpolizei regiert, deren Spinnennetz jeden Winkel der Gesellschaft erreichte. Als in Hama sunnitische Rebellen gegen ihn aufstanden, hatte er die Stadt kurzerhand dem Erdboden gleichmachen lassen. Tausende Sunniten waren gestorben. Das Massaker hatte nur ein paar Tage gedauert und den gewünschten Effekt erreicht: Syrien wurde eine arabische Version eines Ostblockstaates, in dem niemand es wagte, Steine gegen den skrupellosen starken Mann zu werfen.

Baschar al-Assad war in der Kunst der Machtausübung ein gelehriger Schüler seines Vaters gewesen. Er hatte in Rafiqs Augen die Stabilität dessen garantiert, was ihm das Liebste im Leben war: im großen Stil Geld zu machen. Doch jetzt hatte Rafiq Angst, dass das Ende der Assad-Herrschaft nahe war. Die sunnitischen Fundamentalisten, denen die verheißenen Belohnungen des Paradieses wichtiger waren als die realen Belohnungen des irdischen Lebens, wähnten sich auf dem besten Wege zum Sturz Assads. Inzwischen waren angeblich drei Viertel Syriens sunnitisch. Nein, Assad würde es nicht schaffen, sich gegen die Flut zu stemmen, aber Rafiq wollte nichts zu tun haben mit diesem hirnlosen religiösen Aufstand.

Doris Liebe zu den schönen Dingen des Lebens machte sie zur idealen Ehefrau eines Mannes wie Hadad. Reisen nach Europa, lange Wochenenden in Dubai, eine Übernachtung im besten Hotel des Libanon, damit sie in Ruhe ihr Dinner in ihrem Lieblingsrestaurant genießen konnte – das war gerade das Richtige für sie. Wie ihr Mann bemühte auch sie sich darum, die muslimischen Spielregeln einzuhalten. Wie viele ihrer Freundinnen führte sie ein perfektes Doppelleben; in dem einen tat sie das, was ihre Mitbürger von ihr erwarteten, in dem anderen, im Ausland, tat sie das, was ihr Spaß machte.

Ihre Kinder lernten in Syrien den Koran und waren äußerlich ebenfalls brave Muslime. Für den unvoreingenommenen Betrachter sah es ganz so aus, als ob Hania und ihr ein Jahr jüngerer Bruder, Saib, in einer frommen Familie unter der festen Hand einer gut muslimischen Mutter lebten. Aber außer den Kindern, der Liebe zum Geld und der religiösen Fassade hatten Dori und Rafiq keinerlei nennenswerte Gemeinsamkeiten.

Das Leben im trauten Heim war für Rafiq nicht weniger „Geschäft" als seine Immobilien oder Juwelierläden. Er erging sich in den notwendigen Artigkeiten, aber unter der Maske des Charmeurs steckte der Diktator, der alles kontrollierte. Seine Gleichgültigkeit gegenüber Doris Bedürfnis nach Liebe und Zuwendung hatte diese zu einer Lösung greifen lassen, auf die sie nicht stolz war, die sie aber auch nicht aufgeben wollte: Sie fand die Streicheleinheiten, die ihr Ehemann ihr verweigerte, in den Armen einer Nachbarin, deren Ehe genauso tot war wie ihre. Jegliche Gewissensbisse, die die beiden Frauen spüren mochten, verstummten vor ihrem inneren Hunger. Im Übrigen war ihre Situation – das Problem ebenso wie die Lösung – unter ihren gemeinsamen Bekannten und Freundinnen nichts Außergewöhnliches.

Aber Rafiq war immer noch der Vater von Doris Kindern, und mochte ihre Beziehung auch noch so leer sein – Dori schätzte das Gefühl der Sicherheit durch einen Mann im Haus. Mochte auch das Geschäft Rafiqs Geliebte geworden sein (man raunte sich zu, dass er auch andere Geliebte hatte), Dori hätte jede Träne, die sie über Rafiqs Gefühlskälte vergossen hatte, zurückgenommen, nur um hören zu können, wie er mit irgendeiner witzigen Bemerkung ins Haus trat. Doch heute Abend blieb es an der Haustür still.

Warum haben wir gestern nicht das gemacht, was wir eigentlich vorhatten, und sind in den Libanon gefahren?

Noch am Morgen hatte Rafiq seiner Frau recht gegeben, dass die Tage seiner Freiheit gezählt waren und dass sie jetzt aber wirklich bald gehen mussten. Doch es gab immer noch ein Geschäft abzuwickeln, bevor er gehen konnte. Gut möglich, dass das Geschäft heute eines zu viel gewesen war.

Aber waren es wirklich nur die Geschäfte, die ihn zurückhielten, die nächsten vierundzwanzig Stunden Erfolg und Profit? Die umwerfend gut aussehende junge Verkäuferin in dem Juwelierladen schien Dori etwas *zu* nett zu ihrem Mann zu sein. Und warum musste er alle paar Wochen neue hübsche Mitarbeiterinnen einstellen?

Das Klingeln ihres Mobiltelefons auf der Badezimmerkommode riss sie aus ihrem Grübeln. Sie nahm es in die Hand. „Rafiq?"

„Nein, Dori, hier Hassan." Dori runzelte unwillkürlich die Stirn. Was wollte ihr Schwager von ihr? „Es sieht so aus, als ob sie meinen Bruder erwischt haben. Sie haben ihn mit hinter dem Rücken gefesselten Händen aus seinem Büro geführt."

Doris keuchte auf. „Wann war das?"

„Gerade eben. Dori, du musst fliehen! *Sofort.* Tu's für Hania und Saib. Ihr seid in Damaskus nicht mehr sicher. Am besten geht ihr nach Jordanien."

„Bist du ganz sicher?" Dori wusste nur zu gut, was Hassans Rat bedeutete.

„Ich weiß, was du alles aufgibst, wenn du gehst, Dori, aber wenn du bleibst, wird es noch viel schlimmer. Diese Typen werden Hania höchstwahrscheinlich als Lustobjekt für die Terroristenschweine benutzen und Saib als Kanonenfutter für die Freie Syrische Armee."

Hassan machte eine Pause, um Dori Zeit zu geben, die Nachricht zu verdauen, dann fuhr er fort, leise, aber in einem Ton, der Widerspruch nicht zuließ: „Ihr werdet ungefähr vier Tage brauchen, um über die Grenze zu kommen. Ihr könnt nicht darauf zählen, dass euch jemand hilft, aber ihr *müsst* nach Jordanien, und zwar, Dori, …" – die Stimme im Telefon machte wieder eine Pause – „… noch *heute Abend.*"

Dori schloss die Augen und presste ihre linke Hand an die Schläfe. „Aber, Hassan, geht das nicht auch noch morgen früh? Wir könnten vor Sonnenaufgang weg sein."

„Nein, Dori! Ihr seid in unmittelbarer Gefahr, es ist ernst! Diese Leute wissen, dass Rafiq Geld in eurem Haus versteckt hat. Vielleicht sind sie schon unterwegs zu euch. Nimm etwas Bargeld mit, und schließ den Rest in den Safe ein. Ich werde so bald wie möglich kommen und es holen und für dich und meinen Bruder an einem sicheren Ort verwahren. Wenn … er noch lebt."

Auch Dori war Pragmatikerin genug, um sich dem Ernst der Lage zu stellen. Sie schluckte die Panik, die bei dem Gedanken, dass ihr Mann womöglich schon tot war, hochsteigen wollte, hinunter, und erwiderte ruhig: „Und was meinst du, wie viel ich mitnehmen soll?"

„Nicht viel. Vielleicht ein paar Hundert Pfund. Sobald du in das Flüchtlingslager Saatari in Jordanien kommst, werden sie dich wahrscheinlich sowieso ausrauben, aber bis dahin kann das Geld ein gewisser Schutz sein. Ich hoffe, dass du in ein paar Wochen zurückkommen und wieder mit deinem Mann zusammen sein kannst. Ich hoffe es wirklich."

Hassans Schwägerin unterdrückte ein Schluchzen.

„Dori, du musst gehen."

Das Telefon verstummte. Die Frau im Spiegel nickte.

Es dauerte zehn Minuten, bis Hania aufhörte zu weinen. Saib nahm die Nachricht von der Verhaftung seines Vaters und der unmittelbar bevorstehenden Flucht der Familie stoisch entgegen. Vor seiner Mutter als Zeugin schwor er Allah, eines Tages seinen Vater zu rächen. Und den ganzen mächtigen Hadad-Clan einzuspannen in diesen Vergeltungskrieg.

Auf dem Fußboden in Doris Zimmer häuften die drei Hadads die paar Dinge, die sie mitnehmen wollten. Die Mutter ging den Haufen durch und stopfte die endgültige Auswahl in eine schwarze Sporttasche. Sollte sie ein Taxi rufen? Besser nicht. Man wusste nie, wen die Taxifahrer alles kannten; es waren die besten Informanten, die es gab. Und so schaute sie ihre beiden Kinder nacheinander fest an und sagte einfach: „Los geht's."

Sie schlüpften durch die Hintertür und gingen leise durch den Garten und um die Ecke der Villa. Dori hob die Hand, und die drei blieben am Seitentor stehen. Saib trat näher zu seiner Mutter und beide ließen sie prüfend ihren Blick über den Vorgarten und zur Straße schweifen. Dann nickten sie einander zu und alle drei gingen zügig über den Rasen.

Dori drehte sich um, zu einem letzten Blick auf ihre Villa in dem gut situierten Stadtviertel Mezzah. Sie hoffte, dass die Erinnerungen an ihr Leben hier nicht so blass werden würden wie das Mondlicht, das auf ihre Traumimmobilie schien. Saib nahm die Hand seiner Mutter und die Sporttasche, und die drei Flüchtlinge huschten in die Schatten der Straße.

Eine Stunde später gingen Dori, Saib und Hania unbehelligt die Seitenstraßen in der Nähe der Fayez-Mansour-Street entlang. Sie wussten, dass die Benutzung der Hauptstraße unerwünschte Begegnungen bringen konnte. Auf der ersten Etappe ihres Fußmarsches, die sie in südwestlicher Richtung vom Stadtzentrum weggeführt hatte, war es Dori nicht entgangen, dass alle ausländischen Botschaften, an denen sie vorbeikamen – die griechische, finnische, schweizerische, ja sogar die malaysische – verriegelt und verrammelt waren. Dori fragte sich, seit wann. Den Kindern sagte sie lieber nichts von ihrer ominösen Beobachtung.

Dann bogen sie nach Süden ab. Als sie endlich den Stadtrand erreichten, entschloss Dori sich zögernd, für die jetzt vor ihnen liegenden hundert Kilometer bis zur Grenze die breite Landstraße zu benutzen. Sie war sich nicht sicher, wie sie sonst nach Jordanien kommen sollten, ohne sich zu verlaufen. Um die Kinder und sich selbst auf andere Gedanken zu bringen, begann sie einen kleinen Vortrag über die Geschichte dieser Straße.

„Saib. Hania." Bruder und Schwester schauten kurz zu ihr hin, während sie weiterliefen. „Die Straße, auf der wir jetzt sind, ist die alte Königstraße, die vielleicht schon unsere Urahnen benutzt haben, vor Hunderten von Jahren. Es gibt sie seit der Zeit des Propheten Abraham. Sein Sohn Ismael – unser Vorvater – ist sie entlanggewandert." Dori berührte die Schulter ihres Sohnes. „Saib, weißt du noch, was der Name ‚Ismael' bedeutet?"

Saib schnaubte genervt und trat gegen einen Schotterstein, dass der Staub aufwirbelte. „Allah hört'. Du weißt doch, dass ich das weiß, Mama."

Dori nickte. „Du kennst die Geschichte, Saib. Gut. Aber weißt du auch, was sie für uns *bedeutet*? Wir sind in großer Not, aber Allah wird unsere Hilfeschreie hören, so wie damals die von Ismael."

Zum ersten Mal, seit sie die Villa verlassen hatten, sagte Hania etwas. „Und es sieht ganz so aus, als ob wir nicht die Einzigen sind, die Allahs Hilfe brauchen, Mama." Sie zeigte nach vorne.

Auf der viertausend Jahre alten Straße zog ein schmaler, aber stetiger Strom von Menschen, die Damaskus zu Fuß verließen. Dori schätzte, dass allein auf den nächsten sieben-

oder achthundert Metern, die in dem schwachen Mondlicht sichtbar waren, dreißig bis vierzig Personen unterwegs waren. Wie viele weiter vorne vor ihnen gingen, konnte sie nur raten, aber sie schätzte, dass es viele waren.

Zu der Zeit, in der sie normalerweise frühstückten, kamen die Reisenden an eine große Straßenkreuzung südlich von Damaskus.

„Mama, warum schreien und klatschen die Leute da vorne so?" Hania hielt neben Dori an, die die Szene etwa dreißig Meter vor ihnen ebenfalls beobachtete. Mitten auf der Kreuzung drängten sich mehrere Hundert Menschen, die meisten Männer. Jetzt konnte man Stimmen ausmachen, die rau skandierten: „Es ist kein Gott außer Allah, und Mohammed ist sein Prophet!"

Bevor Dori auf Hanias Frage antworten konnte, öffnete sich eine Lücke in der Menge. Die Hadads waren so nah, dass sie die beteiligten Personen klar erkennen konnten. Von Stricken, die jemand über eine elektrische Freileitung geworfen hatte, hingen zwei nackte Leichen herunter – ein Mann und eine Frau –, deren Füße fast den Boden berührten. Von dem, was von ihren Gesichtern übrig war, tropfte Blut, aus den aufgeschlitzten Bäuchen hing ein Teil der Gedärme. Das tote Paar musste vor dem Erhängen unvorstellbar brutal gefoltert worden sein.

Hania griff sich ins Gesicht und erbrach das Wenige, das noch in ihrem Magen war. Dori schloss die Augen und biss sich auf die Oberlippe. Saib starrte die Leichen finster an. Zwei Männer in der Menge hielten – wohl für die Medien – ein großes Schild hoch, auf dem man lesen konnte:

Ungläubige!
Wir töten alle Abtrünnigen und jeden, der den Islam beleidigt.
Al-Nusra ist die Stimme des Islam.
Wir werden die Straßen von Damaskus
mit Christenblut waschen!
In dieser Woche feiern die Christen in der Welt Ostern.
Wir Syrer zeigen ihnen, was auf sie wartet im kommenden
weltweiten Dschihad.

Nach ein paar Sekunden presste Saib die Hände zusammen, hob sie ans Kinn und zischte: „Die haben gekriegt, was sie verdient haben."

Dori riss die Augen auf und fixierte ihren Sohn. „Saib! Was soll das heißen?"

Der Junge drehte sich langsam zu seiner Mutter hin und antwortete kalt: „Da sind Muslime zum Christentum konvertiert. Bestimmt hat jemand ihnen Geld dafür gegeben. Ich wünschte, dass allen, die sich ‚Christen' nennen, dasselbe passiert." Er schaute zurück zu dem Mob. „Allah hat es diesen Leuten heimgezahlt."

Dori musterte die Menge, dann sah sie wieder ihren Sohn an. Sie schüttelte den Kopf und sagte leise: „Ich bin mir nicht so sicher, dass das Allahs Werk war, Saib. Christen und Muslime haben in unserem Land jahrhundertelang in Frieden zusammengelebt. Erst seit diesem Krieg hassen sie die Christen."

Saib erwiderte skeptisch ihren Blick.

„Das hier ist *böse,* Saib! Das haben Terroristen im Namen der Religion getan. Hast du etwa schon mal Christen gesehen, die Muslime aufhängen?"

Saib gab sich nicht geschlagen. „Nein, Mama, da hast du recht. Weil die wissen, wenn sie das je machten, würden wir *alle* Christen abschlachten. Die haben keine Chance gegen uns." Er unterbrach sich und starrte seine Mutter an, dann fuhr er fort: „Was gibt's da zu verteidigen bei den Christen? Und Judenfreunde sind sie auch noch, sie sind fast solche Schweine wie diese verdammten Juden in Palästina!"

Er drehte sich um, hin zu dem Getöse, ging drei Schritte, ließ die Sporttasche fallen und begann mitzuklatschen. Dori sprang hinterher und packte seine Hände. „Saib! Nein!"

Der Junge riss sich los und funkelte seine Mutter an. „Was soll das? Bist du etwa auch eine Konvertitin oder was? Du klingst ja bald wie diese Christen!"

Dori musste an sich halten, ihn nicht zu ohrfeigen. „Mein lieber, vielleicht ein bisschen zu arroganter Sohn." Sie beherrschte ihre Stimme. „Ich bin eine Muslimin und nichts kann das ändern. Aber nicht alle von uns denken *so*." Sie machte eine Handbewegung zu der makabren Szene hin. „Mord ist Mord, egal, wie irgendeine Religion das ..." Sie brach abrupt ab. Die linke Hand fuhr an ihren Mund, sie keuchte auf. Die Leichen da an den Stricken – die kannte sie doch!

Sie schaute ihren Sohn an, ihre Augen blitzten. Sie sagte, nein, schrie: „Saib! Weißt du nicht, wer diese Leute sind? Die Husseins! Als du klein warst, hast du mit ihrem Mohammad gespielt!"

Saib starrte seine Mutter an, der Blick ungerührt.

Sie senkte die Stimme und fuhr fort: „Nein, Saib, die sind nicht für Geld konvertiert. Sie waren ja noch reicher als wir. Die müssen andere Gründe gehabt haben." Sie schüttelte den Kopf und schaute zu Boden. „Vielleicht Gründe, die wir nicht verstehen können."

Saib verzog höhnisch den Mund, hob die Hände in Richtung auf die blutige Szene und klatschte wieder, noch lauter.

Und mit aller Geringschätzung, die er aufbringen konnte, funkelte er von der Seite her seine Mutter an.

Die richtete sich höher auf und musterte mit trotzigem Blick den brüllenden Mob. Dann packte sie die Sporttasche, die neben Saib auf dem Boden stand, drehte sich um und trat zu Hania. Sie legte den Arm um die Schulter des Mädchens. „Geht's wieder, Hania?"

Das Mädchen nickte stumm.

Ihre Mutter zeigte auf die Menge. „Das ist furchtbar! Wir müssen hier weg."

Sie zog Hania an den Straßenrand und bugsierte sie um die blutige Szene herum. Saib sah es, nickte noch einmal zu den Leichen hin und folgte seiner Mutter und Schwester.

Vier Tage danach erreichten sie ein Auffanglager bei Kuneitra. Für jeden, der über die Grenze wollte, hatte Syrien hier einen letzten, elenden Zwischenstopp eingerichtet. Dori schätzte, dass an die fünfhundert Menschen in diesem „Flüchtlingslager" standen, einem nackten, kreisförmigen Stück Sand von nicht einmal vierzig Meter Durchmesser, das von einem drei Meter hohen Maschendrahtzaun umgeben war. Als sie drinnen waren, merkte Dori, dass es hier weder Lebensmittel noch Toiletten gab.

„Das ist ja unmenschlich!", schrie sie einen Wächter an, der draußen vor dem Zaun stand.

Er sagte kein Wort, aber seine Miene war Antwort genug. *Ihr könnt mich mal alle …*

Kein Wunder, dass man Flüchtlinge auch die Vergessenen nennt. Weinen über ihre Situation würde Dori später können, jetzt ging es vor allem darum, ihre Kinder zu retten.

Drei Minuten nach Mitternacht, in der zweiten Nacht nach ihrer Ankunft in dem Lager, kniete Dori am Zaun. Während Hania und Saib sie mit ihren Körpern deckten, schaufelte sie mit den Händen den Sand unter dem Drahtgeflecht zur Seite. Ein paar Minuten und sie hatte ein Loch gegraben, das groß genug für ihren schlanken Körper war. Sie schlüpfte unter dem Zaun durch, nach draußen. Nach vierundzwanzig Stunden hatten die Hadads immer noch nichts gegessen, und Doris verzweifelter Plan, etwas Essbares zu bekommen, hatte in ihrem Gehirn Gestalt angenommen. Ihr schwarzer *Hidschab* war die perfekte Tarnung, als sie zu der Straße rannte. Niemand sah sie.

An der Straße gelang es ihr, einen Lastwagen anzuhalten. Der Fahrer fuhr an den Straßenrand und öffnete die Tür. Ja, er konnte ihr helfen. Er hatte Lebensmittel dabei – aber zuerst wollte er sehen, was sie unter ihren Kleidern hatte. Dori hatte Angst, dass der Mann gewalttätig werden würde, aber sie verweigerte sich seinem Ansinnen. Der Kerl spuckte neben ihr auf den Boden und fuhr davon.

Das Drama wiederholte sich drei Mal. Der vierte Fahrer reagierte auf Doris Weigerung so, wie sie es bei den anderen schon befürchtet hatte: Sein kräftiger rechter Arm packte sie am Nacken und zog sie in das Führerhaus, auf den Beifahrersitz. Aber er hatte nicht damit gerechnet, dass sie sich wehren würde. Doris freie rechte Hand knallte auf die Nase des Mannes, dass er vor Schmerzen aufschrie und ihren Kopf losließ. Sie fiel aus dem Lkw hinaus, rollte ein paar Meter weg und blieb mit dem Gesicht nach unten im Sand liegen. Dori hörte, wie die Tür zuknallte und der Motor aufheulte.

Sie rappelte sich hoch. Das Dröhnen einer Hupe ließ sie zusammenfahren. Sie linste über ihre Schulter und sah, wie ein Sattelschlepper anhielt, dort, wo der andere Lkw gerade losgefahren war. Die Tür der Fahrerkabine öffnete sich und ein Mann sprang heraus. Er hob die Arme in Doris Richtung. „Ich habe das gesehen gerade! Ich tu Ihnen nichts, ich will Ihnen helfen!"

Dori musterte den Mann. Doch, er sah vertrauenswürdig aus. „Ich brauche Lebensmittel."

„Ich habe Brot. Brauchen Sie auch Wasser?"

„Ja. Für mich und meine Kinder."

Der Mann nickte, drehte sich um und kramte aus einer Klappe unter der Fahrerkabine mehrere Tüten heraus.

„Hier, das ist für Sie." Er trat zu Dori und gab ihr die Tüten. In ihnen waren mehrere Wasserflaschen und vier Brotlaibe. Sie nahm die Tüten entgegen. Der Fremde musterte sie freundlich. „Hier an der Straße betteln kann Sie das Leben kosten, und wenn man Sie nicht umbringt, entführt man Sie und verkauft Sie auf dem schwarzen Markt. Bitte seien Sie das nächste Mal vorsichtiger."

Dori streckte sich. „Meine Kinder haben Hunger und ich weiß nicht, wo mein Mann ist. Ich hatte keine andere Wahl."

„Verstehe schon." Der Mann hielt inne, dann machte er die Andeutung einer Verneigung. „Mein Name ist Osama. Es ist mir eine Ehre, Ihnen zu helfen. Ich hoffe, dass das reicht, bis Sie sicher in Jordanien sind – da wollen Sie doch hin, oder?"

Der Mann hatte ihre Lage erfasst. „Ich bin Dori, und ja, ich will nach Jordanien." Sie schaute zu Boden und schüttelte den Kopf. „Ich weiß nicht, wie ich Ihnen danken soll."

„Der Herr Jesus segne Sie, Dori. Vertrauen Sie auf ihn, er wird Ihr Schutz sein."

Was sagte der da? Dori legte den Kopf zur Seite und schaute dem Mann zum ersten Mal ins Gesicht. Mehrere Sekunden standen sie so da und musterten sich, dann sagte Dori:

„Danke." Mehr fiel ihr nicht ein. Wie ein muslimischer Mann sagen konnte: „Der Herr Jesus segne Sie", war ihr ein Rätsel. Sie war sich nicht schlüssig, was die Worte bedeuteten, aber sie gaben ihr einen merkwürdigen Frieden ins Herz.

Hania und Saib lagen auf dem Boden, beim Loch unter dem Zaun. Beide hatten kein Auge zugetan, seit ihre Mutter vor drei Stunden fortgegangen war, und beide sahen sie sofort ihre schwarze Silhouette, die von der Straße zu dem Zaun gehuscht kam.

Am Zaun angekommen, bedeutete Dori den beiden, durch das Loch zu ihr zu kriechen. Die drei Ausbrecher rannten mit aller Kraft zur Straße und überquerten sie. Eine halbe Stunde später ließen sie sich unter einem Felsen auf der jordanischen Seite eines Bergpasses nieder, um etwas zu essen. Als sie satt waren, legten sie sich hinter ein paar Felsblöcken zum Schlafen hin.

Bei Sonnenaufgang erwachten sie und gingen unbemerkt weiter, in Richtung Saatari. Sie waren in Jordanien. Die Strahlen der Sonne wärmten sie auf.

Eine Stunde später sahen sie das Flüchtlingslager schon vor sich, als ein Geräusch Dori zusammenfahren ließ. Es war ihr Mobiltelefon. Sie hatte ganz vergessen, dass sie es ja dabeihatte, und konnte kaum glauben, dass der Akku noch nicht leer war. Sie zog das Handy unter ihrem Hidschab hervor. Die Nummer auf dem Display kannte sie gut. Sie drückte den Knopf. „Hassan?"

„Ja, Dori. Wo bist du?"

Sie überging die Frage. „Weißt du was Neues über meinen Mann?"

„Nein, Dori, leider noch nicht. Aber ich habe auch nichts über neue Morde gehört, Rafiq wird also wohl am Leben sein.

Aber ich rufe dich aus einem anderen Grund an. Ich muss genau wissen, wo ihr gerade seid, es ist wichtig."

„Wir sind in Jordanien, gleich hinter der Grenze. Warum ist das so wichtig, Hassan?"

„Weil ich neue Informationen über Saatari hab. Was immer du tust, Dori, geh nicht in dieses Lager! Ich hab gegenüber einem Freund erwähnt, dass ein Bekannter von mir – deinen Namen hab ich nicht genannt – dahin will, und was er mir darauf gesagt hat, hat mir gar nicht gefallen."

Dori drückte das Handy noch fester ans Ohr.

„Offenbar haben Terroristen die Kontrolle über das Lager übernommen und die Lage dort ist brutal. Du kannst dort keinen Schutz erwarten, eher, dass sie versuchen, dich zu vergewaltigen. Mein Freund hat mir erzählt, dass manche Familien in dem Lager in ihrer Verzweiflung ihre Teenagertöchter verkaufen, für ganze fünfzig Dollar. Eine Familie, die er kennt, hat das gemacht, weil man ihr sagte: ‚In zwei Wochen habt ihr eure Tochter wieder', aber er ist sicher, dass sie das Mädchen nie wiedersehen werden. Das sind Sexsklavenhändler, und am meisten sind sie hinter solchen Mädchen her. Mädchen wie Hania, denn Jungfrauen bringen mehr Profit."

Dori holte tief Luft und schaute zu dem weißen Meer aus Zelten hin, das sich vor ihren Augen ausbreitete, dann hinauf zum Himmel. Was jetzt?

Hassan fuhr fort: „Und Saib werden sie für eine dieser Terrormilizen zwangsrekrutieren. Sie werden ihm keine Wahl lassen."

Dori schüttelte den Kopf. „Und was sollen wir dann machen, Hassan? Ich kann das Lager schon sehen, wir sind bald da."

„Dann bin ich doppelt froh, dass ich dich erreicht habe. Macht einen großen Bogen um das Lager und geht weiter

Richtung Süden, bis nach Amman. Ich weiß selber nicht, warum ich nicht schon früher darauf gekommen bin. In Amman gibt's Tausende unregistrierte Flüchtlinge. Die richtigen Formulare ausfüllen könnt ihr später noch. Dort in Amman ist es viel sicherer."

„Aber wo sollen wir dort unterkommen?"

„Ich hab gehört, dass es alte Wohnungen gibt, in denen syrische Flüchtlinge hausen. Du hast genug Geld dabei, um dir eine zu leisten. Am besten gehst du wohl ins Stadtzentrum, in die Nähe des römischen Amphitheaters. Ich habe Bekannte in Amman, die dir vielleicht helfen können, etwas zu finden. Ich rufe sie gleich mal an."

„Sie sind sicher neu hier?"

Der zwei Tage lange Fußmarsch nach Amman hatte Hassans Freunden die nötige Zeit gegeben, um eine Wohnung für Dori, Saib und Hania zu finden. Die Freunde waren ebenso diskret wie fähig gewesen, und so hatten die drei Neuankömmlinge eine (wenn auch spartanische) Bleibe. Aber was wollte diese Frau, die da in der Wohnungstür stand?

Die Fremde fuhr fort, ihr Ton halb entschuldigend. „Ich kann mich nicht erinnern, Sie schon einmal gesehen zu haben, und ich bin jeden Tag hier. Wir helfen den Bewohnern hier mit Lebensmitteln und was sie sonst noch brauchen."

Dori fragte sich, ob sie der Frau trauen konnte. „Kommen Sie von der UNO?"

„Wir gehören zu keiner bestimmten Organisation. Die Flüchtlinge nennen uns ‚die Bibel-Leute'." Die Frau lächelte verlegen. „Der Name gefällt uns."

Dori schaute in das Gesicht der Fremden, dann auf das Paket, das sie in den Armen hielt.

„Mein Name ist Samar", fuhr die Frau fort. „Und wie gesagt, ich gehöre zu keiner Organisation, aber ich bin eine Nachfolgerin." Sie hielt Dori das Paket hin. „Hier drin ist ein erster Vorrat Lebensmittel für Sie und Ihre Kinder. Kicher- erbsen, Olivenöl, Bohnen, Pitabrot und Gewürze. Ach ja, und etwas Lipton-Tee."

Dori nahm das Paket schweigend entgegen.

„Der Campingherd taugt leider nicht viel, aber zum Tee- kochen wird's reichen. Ich komme im Laufe der Woche wie- der." Samars Lippen öffneten sich zu einem breiten Lächeln. „Willkommen in Amman."

Dori, die immer noch etwas verwirrt war, erwiderte das Lächeln nicht, aber beschloss, höflich zu sein. „Danke, Samar. Es bedeutet mir sehr viel, dass jemand …" Sie schaute auf das Paket in ihren Händen, dann wieder zu Samar hin. „Aber … was bin ich Ihnen schuldig?"

„Nichts natürlich." Samar schüttelte den Kopf. „Wir freu- en uns, dass Sie hier sind, und wir beten darum, dass Gott Ihnen alles geben wird, was Sie brauchen." Sie legte die Hand auf Doris Arm. „Er liebt Sie."

Dori schob das Paket auf ihren rechten Arm und packte mit Daumen und zwei Fingern ihrer linken Hand sachte Samars ausgestreckte Hand. „Sie haben gerade gesagt, dass Sie eine Nachfolgerin sind. Von wem? Arbeiten Sie für König Abdullah?"

„Nein, ich arbeite nicht für König Abdullah. Er ist ein sehr guter Mann, und wir Jordanier lieben ihn so, wie wir schon seinen Vater, König Hussein, geliebt haben." Sie streichelte Doris Hand. „Aber ich diene einem anderen König." Sie zog die Hand zurück und drehte sich um, um zu gehen.

„Übrigens, ich bin Dori."

Samar lächelte wieder. „Gute Nacht, Dori." Sie schaute an Dori vorbei zu Saib und Hania hin, die die ganze Zeit hinter ihrer Mutter gestanden und mit großen Augen zugehört hatten. „Und ihr passt gut auf eure Mutter auf."

Der herzlichen Begegnung mit Samar an diesem Abend folgte eine kalte und beängstigende Nacht. Ohne Decke auf dem nackten Betonfußboden liegend, fanden die drei neuen Hausbewohner lange keinen Schlaf. Dabei hätten alle drei Albträume über ihre Flucht den Schreien vorgezogen, die durch die Dunkelheit an ihre Ohren drangen.

Sie kamen aus der engen Gasse draußen. Zwei Häuser weiter musste etwas Furchtbares im Gang sein.

Wer wird da so geschlagen – und warum? Dori zwang sich, gleichmäßig zu atmen, damit ihre Kinder den Eindruck hatten, dass sie schlief und keine Angst hatte.

Das ist mehr als ein Ehemann, der seine Frau schlägt. Sie spürte förmlich den Schatten des Bösen.

Die Schreie gingen weiter, allmählich wurden sie schwächer. Nach mehreren Stunden war die Erschöpfung stärker als der harte Fußboden, und die drei Hadads schliefen endlich ein. Sie würden sie nicht vergessen, ihre erste Nacht in Amman.

Hania tunkte gedankenverloren ein Stück Fladenbrot in den *Zatar*[3], den Dori aus dem Inhalt von Samars Paket zubereitet hatte. Das Mädchen hatte in den dreißig Minuten, seit es ein paar Stunden nach Sonnenaufgang aufgewacht war, noch kein Wort gesagt, was ungewöhnlich für sie war. Dori nahm an, dass es die Nachwirkungen der furchtbaren Schreie waren, die sie in der Nacht von draußen gehört hatten. Jetzt, am Morgen, war es gnädig still in der Gasse.

---

[3] Gewürzmischung, die mit Olivenöl zubereitet wird.

Mit einem leisen „Klack" stellte Hania die Keramikschüssel auf den Betonboden und sah ihre Mutter an. „Mama, ich hab einen Traum gehabt, der fast die ganze Nacht gedauert hat." Sie hielt inne, suchte nach den richtigen Worten. „Ein Mann in einem weißen Gewand hat mir gesagt, dass wir jetzt in Sicherheit sind und dass er für uns sorgen wird." Sie zögerte, schaute auf die Schüssel, dann wieder zu Dori hin. „Er hat gesagt, sein Name ist Jesus."

Dori tauchte langsam ihr Fladenbrot in das Olivenöl und dann in den Brei. „Und was hat er noch gesagt, Hania?"

Hania war froh, dass ihre Mutter nicht abweisend reagierte und erwiderte: „Das war wirklich komisch. Er sagte mir, dass er mich liebt – und, Mama, irgendwie weiß ich, dass das stimmt! Ich konnte es in seinen Augen sehen."

Dori spürte, wie ihr ein Schauer über den Rücken lief. Sie erstarrte. „Schätzchen, den Traum hab ich auch gehabt!"

Hanias Augen schossen von ihrer Mutter zu Saib, der so dicht vor ihr saß, dass seine Knie fast die ihren berührten, und seine Mutter wortlos anstarrte.

„Allah muss es gut mit uns meinen!" Dori faltete die Hände und hob sie an die Lippen. „Er hat uns einen seiner Propheten geschickt, um uns zu grüßen."

Sie sah ihre Kinder nacheinander an. „Wir werden heute in die Große Hussein-Moschee gehen, um zu beten. Die Jordanier haben bestimmt auch Kleidung und andere Dinge, die wir gebrauchen können. Es ist der nächste Fußweg, aber gegen unseren Fußmarsch von Damaskus hierher ist es nur ein Klacks."

Drei Stunden später stapfte eine enttäuschte Dori mit ihren Kindern am römischen Theater eine halbe Meile südlich der Hussein-Moschee vorbei und nahm Kurs auf ihre Wohnung.

Der Imam hatte ihnen nicht nur jede Hilfe verweigert, sondern sie als „Diebespack" beschimpft. „Ihr seid wie alle Syrer, ihr stehlt wie die schlimmsten Banditen!", hatte er ihnen ins Gesicht geschrien. Die Moschee wolle nichts zu tun haben mit syrischen Flüchtlingen.

Saib hielt immer noch einen Lappen an seine rechte Wange gepresst, die der scharfe Stein, auf den er gefallen war, aufgerissen hatte. Die Menge hatte ihn achtlos zur Seite gedrängt. Die drei konnten von Glück sagen, dass sie nicht niedergetrampelt worden waren, und Dori war froh, dass Saibs Wunde zwar schmerzhaft, aber nicht tief war. Der Junge hatte einen Nike-Pullover mitnehmen wollen, den er auf einem Haufen alter, offenbar zum Mitnehmen gedachter Kleider gesehen hatte.

Sie überquerten eine Kreuzung. Plötzlich hörten sie eine bekannte Stimme, sodass Doris Herz einen Satz machte. „Dori!"

Sie drehte sich in die Richtung, aus der die Stimme kam. Vielleicht vier Meter weiter vorne stand eine Frau auf dem Bürgersteig und winkte ihr zu.

„Dori! Wie schön, Sie zu sehen!" Mit ein paar raschen Schritten kam die Frau auf sie zu. „Erinnern Sie sich noch? Ich bin Samar."

„Ob ich mich erinnere? Wie könnte ich Ihre Freundlichkeit vergessen?" Dori hatte Lust, die Frau zu umarmen, wusste aber nicht, wie sie auf solch eine Geste in der Öffentlichkeit reagieren würde.

„Ich bin gerade unterwegs zu unserer Kirche." Samar nahm Doris Hand. „Möchten Sie mitkommen? Wir haben gebrauchte Kleider zu verschenken, vielleicht können Sie etwas gebrauchen."

Dori machte unwillkürlich einen Schritt zurück. „Danke,

Samar, aber wir kommen gerade von der Moschee, da haben wir gar kein Glück gehabt. Die wollen nichts mit uns zu tun haben."

„Oh, Dori, dann müssen Sie erst recht mitkommen. Sie können sich aussuchen, was Sie wollen, und jederzeit wieder gehen."

Wieder wusste Dori nicht recht, was sie von Samar halten sollten. „Aber … haben Sie nicht gerade ‚Kirche' gesagt? Da dürfen Muslime doch sicher nicht rein?"

„Aber natürlich! Bei uns ist jeder willkommen."

Dori zögerte immer noch. „Wir bräuchten schon Kleidung, aber wenn so viele Menschen auf einmal …" Sie zeigte auf Saibs Gesicht.

„Das tut mir leid mit Ihrem Sohn, Dori, aber keine Bange, bei uns kommt jeder an die Reihe. Viele bleiben auch noch etwas länger und sprechen miteinander. Sie können doch sicher ein paar neue Freunde brauchen. Und verhungert ist bei uns auch noch keiner." Samar lächelte schüchtern. „Können Sie den Hummus nicht schon riechen?"

Sie rochen den Hummus nicht nur, sie aßen ihn auch, und nicht zu wenig. Es war die beste Mahlzeit, die die Hadads seit ihrer Flucht aus Syrien bekommen hatten. An den Wänden des großen Versammlungsraumes standen riesige Kisten mit Kleidung. An die zweihundert Personen inspizierten in aller Ruhe das Sortiment, unterhielten sich und verglichen ihre Schätze.

Auch was die neuen Freunde betraf, hatte Samar nicht übertrieben. Nach drei Stunden waren Dori und ihre Kinder immer noch da und genossen die Atmosphäre. Dori unterhielt sich ausgiebig mit Samar und erwähnte sogar die Jesusträume.

Saib hatte die Arme voll Kleidertüten, als sie zurück zu ihrer Wohnung gingen. Seit sie die Kirche verlassen hatten, hatten weder er noch Hania ein Wort gesagt. Als sie noch drei Straßen zu gehen hatten, machte Hania endlich ihrem Herzen Luft. „Die Moschee kann mir gestohlen bleiben!", platzte sie heraus, dass mehrere Passanten es mitbekamen und sie streng ansahen.

Saib hielt abrupt an, drehte sich zu seiner Schwester um und sagte wie aus der Pistole geschossen: „Mir auch!"

Halb erstaunt, halb erleichtert, dass sie ihren Bruder nicht verärgert hatte, fuhr Hania fort: „Warum waren diese ‚Bibel-Leute' so nett zu uns? Ich meine, was haben die von uns?"

Bevor Dori oder Saib antworten konnten, raste mit lautem Sirenengeheul ein Krankenwagen an ihnen vorbei. Er bog vor ihnen um die nächste Ecke, hinein in ihr Viertel. Sie hörten, wie die Sirene verstummte.

Sie beschleunigten ihren Schritt. Als sie um die Ecke kamen, sahen sie den Krankenwagen stehen; die roten Lichter flackerten noch. Ein zweiter Krankenwagen war bereits zur Stelle, und ein Dutzend Schaulustige sahen zu, wie vier Sanitäter zwei mit Tüchern verhüllte Leichen auf Rollbahren luden. Dori erkannte unter den Umstehenden eine Bekannte aus einem der Nachbarhäuser wieder. Sie trat zu ihr.

„Aischa! Was ist passiert?" Sie zeigte auf die traurige Szene. „Wie sind die zu Tode gekommen?"

„Sie sind ermordet worden." Die Frau schüttelte den Kopf. „Sie haben das Schlimmste gemacht, was man tun kann, Dori. Sie sind Christen geworden! Wie konnten die nur? Der Imam hat versucht, sie mit Schlägen zur Vernunft zu bringen, aber er kam schließlich zu dem Schluss, dass sie verrückt sein mussten. Christ werden – so was tut einfach kein denkender Mensch!"

„Und wo sind ihre Kinder jetzt, Aischa?"

„Die hab ich nicht gesehen, die müssen weggerannt sein."
Aischa sah Dori an. „Neben den Leichen lag ein Zettel."

„Und was stand da drauf?", fragte Saib neugierig.

Aischa drehte sich zu dem Jungen hin. „‚Haltet euch von
den Bibel-Leuten fern oder ihr werdet sterben.'"

Aber Dori und ihre Kinder hielten sich nicht fern. Schon am
nächsten Tag gingen sie wieder hin und Dori fragte Samar,
was es mit den Morden auf sich hatte.

„Samar, warum sind diese Leute umgebracht worden? Auf
dem Zettel stand, dass es Bibel-Leute waren." Sie sah ihre
neue Freundin besorgt an. „Heißt das, dass dein Leben auch
in Gefahr ist?"

Heute waren weniger Leute in dem Raum mit den Kleider-
kisten. Samar setzte ihre Kaffeetasse vorsichtig auf dem Tisch
in einer Ecke des Raumes ab, an dem sie sich niedergelassen
hatten, und erwiderte mit einem leichten Lächeln: „Dori, wir
befinden uns in einem Krieg. Aber nicht in einem Krieg wie
gerade in Syrien; es geht um viel mehr. Wir befinden uns in
einem Krieg um Menschenseelen."

„Seelen? Wie meinst du das?"

„Diese Bibel-Leute, die du da gesehen hast, waren Diener
von Jesus. Sie liebten Jesus so sehr, dass sie bereit waren … ja,
anderen zu helfen, die Wahrheit zu finden. Sie sind wegen
ihrer Zusammenkünfte getötet worden."

„Zusammenkünfte?"

„Ja. Alle Bibel-Leute haben sie. Ihre Türen sind offen für
jeden, der auf der Suche ist – und das immer, sogar mitten in
der Nacht."

Samar unterbrach sich, ihre Finger klopften auf den
Henkel ihrer Tasse. „Dori, sunnitische Muslime wie du haben

viele Fragen. Sie fragen sich: ‚Wie kommt es, dass sich in diesem Krieg Muslime gegenseitig umbringen? Geht der Kampf nicht gegen Baschar al-Assad und die Alawiten?‘ Aber wenn sie dann nach Jordanien kommen und die Bibel-Leute kennenlernen, verfliegt der Hass. Wie du schon selber entdeckt hast: Die Bibel-Leute lieben sie. Leider sind deine Nachbarn – ich weiß, wer sie waren – aufgeflogen. Irgendjemand – wer, wissen wir nicht genau – hat von draußen, durch ihr Fenster, ihre Gespräche belauscht.“

Samar schloss die Augen, dann fuhr sie fort: „Dori, ich hoffe, dass du die Leichen nicht gesehen hast. Unsere Freunde sind unglaublich brutal ermordet worden. Man hat sie enthauptet.“

Doris Gesicht war schockiert. „Bloß weil sie uns lieben?“

„Ja. Aber es gab noch einen zweiten Grund. Sie waren Flüchtlinge, die früher, bevor Jesus ihnen begegnete, selber Sunniten waren. Gott hat sie gebraucht, um vielen das Licht zu bringen.“

„Willst du damit sagen, dass es in den Flüchtlingswohnungen noch mehr Muslime gibt, die jetzt sagen, dass sie Bibel-Leute sind?“

„Ja, Dori. Es gibt sogar viele. Aber die Fundamentalisten sind hinter ihnen her und wollen sie alle umbringen.“

„Sag mal, Samar, woran merkt man es, wenn jemand einer von den Bibel-Leuten geworden ist?“

Samar sah ihre Freundin an. „Das ist ganz einfach, Dori. Man sieht es an ihren Gesichtern. An der Liebe in ihren Augen.“

In der nächsten Woche musste Dori oft an Samars Worte denken. Und an ihre Augen. Und abends, wenn Hania und Saib eingeschlafen waren, las sie mehrere Stunden in der

Bibel, die Samar ihr geschenkt hatte. Schlief sie dann selbst, erschien ihr Jesus oft in ihren Träumen.

Einige Tage nach ihrem Gespräch mit Samar waren ihr deren Worte sowie die Bibel und die Träume eine ganz besondere Hilfe. Hassan rief an, um ihr mitzuteilen, dass Rafiq tot war. Sie war tief getroffen; sie merkte, dass ihr Mann für sie immer noch Sicherheit und Geborgenheit bedeutet hatte. Samars Worte, die Träume, in denen sie Jesus sah, und was sie in der Bibel gelesen hatte, gaben ihr ein bisschen Halt.

Eine Woche nach dem letzten Gespräch in der Kirche wachte Dori kurz nach Sonnenaufgang auf, der Schmerz der Trauer wie ein Feuer in ihrer Brust. Sie setzte sich auf und betrachtete ihre schlafenden Kinder. Nach ein paar Minuten langte sie nach ihrem Handy, das in Reichweite auf dem Fußboden lag, schaltete es ein, suchte Samars Nummer und wählte sie.

„Samar, entschuldige bitte, dass ich dich so früh anrufe, aber gestern Abend hab ich im Buch Jesaja gelesen, dass Gott die zerbrochenen Herzen verbindet und die Gefangenen frei macht. Und im Lukasevangelium sagt Jesus, dass er genau dazu gekommen ist."[4] Dori kämpfte mit den Tränen. „Samar, mein Herz ist zerbrochen. Und jede Nacht kommt Jesus in diesen Träumen zu mir. Warum liebt er mich? Ich bin doch nur ein Flüchtling – und jetzt auch noch eine Witwe. Warum bin ich ihm nicht egal?"

„Dori, am besten kommst du heute zu mir."

Während Saib und Hania sich mit mehreren neuen Besuchern in der Kirche unterhielten, gingen Dori und Samar in ein kleines Nebenzimmer. Drei Tassen arabischen Kaffees

---

[4] Vgl. Jesaja 61,1 und Lukas 4,18-21.

später war Samar mit der Geschichte ihrer eigenen Bekehrung fertig. Dann erinnerte sie Dori an die Geschichte von Jesus – die *richtige* Geschichte seines Todes und seiner Auferstehung, nicht die Version, die unter den Muslimen gelehrt wird.

Als sie fertig war, faltete Dori die Hände im Schoß und sagte: „Ich bin bereit. Ich liebe Jesus und möchte ihm folgen."

„Dori, das kann dich das Leben kosten."

„Das weiß ich; darum hab ich so lange gewartet. Ich wollte erst ganz sicher sein. Begonnen hat es auf dem Weg nach Jordanien, als ich sah, was sie mit unseren Freunden, den Husseins, gemacht hatten. Die beiden waren die überzeugtesten, frömmsten Muslime, die ich je gekannt habe. Als ich ihre Leichen sah, wusste ich, dass sie etwas Unglaubliches gefunden haben mussten. Und jetzt, Samar, weiß ich: Falls ich auch sterben muss, habe ich die Wahrheit gefunden – und die Vergebung für alles Böse, das ich getan habe. Jesus *ist* der Weg!"

Ein paar Tage später hatten die Hadads nichts mehr zu essen. Said grummelte und Hania weinte leise vor sich hin, als sie auf dem kalten Zementfußboden lagen und versuchten einzuschlafen. Dori starrte zur Decke hoch und sagte nichts, aber ihr Gehirn arbeitete. *Ich bin doch jetzt auch einer von den Bibel-Leuten. Ich glaube, ich weiß, was ich tu.* Sie schloss die Augen. *Jesus, wir sind so müde und hungrig. Wir haben nichts in dieser Wohnung. Es ist ein elendes Leben, aber ich weiß, dass du uns liebst ...* Sie spürte, wie Friede in ihr unruhiges Herz kam. Sie wusste nicht recht, wie sie weiterbeten sollte, und döste ein.

Irgendwann in dieser Nacht hatte sie einen Jesustraum, der gewaltiger war als alles, was sie bisher erlebt hatte. Sie sah Jesus, wie er auf seinem Thron saß. Sein Haar glänzte weißer als der Schnee, und er sah sie an – sie, Dori –, mit Augen, die

84

lachten und liebten und strahlten. Und er sprach zu ihr: *„Ich bin der König des Universums, und du, Dori, bist jetzt meine Tochter. Ich werde für dich sorgen. Ich habe dein Rufen gehört."*

Die Sonne schien durch das einzige Fenster des Wohnzimmers, als ein lautes Klopfen an der Tür Dori aufweckte. *Nein, nicht noch ein verheirateter Mann, der mir „helfen" möchte,* war ihr erster Gedanke. Sie seufzte auf.

Saib, der schon auf war, ging rasch zur Tür. Draußen stand ein Fahrer mit mehreren Tüten Lebensmitteln. „Wer hat Sie zu uns geschickt?", rief Dori.

„Das kann ich Ihnen nicht genau sagen", erwiderte er. „Die Liste der Flüchtlinge ist mir gerade abhandengekommen. Aber unten auf der Straße hat ein Passant mich angesprochen, auf dieses Haus gezeigt und gesagt: ‚Gehen Sie in die Wohnung da oben.' Und jetzt bin ich halt hier." Er ließ seinen Blick durch die Wohnung schweifen. „Brauchen Sie Lebensmittel?"

Die ganze Woche begann jeder Morgen damit, dass es an die Tür klopfte. Am zweiten Tag kam Kleidung, danach Betten und Decken, Mäntel und Jacken, sogar Heizlüfter. Jedes Mal war der Fahrer ein anderer und keiner wusste genau, warum er in Doris Wohnung gelandet war.

Nach sieben Tagen hatte Dori eine voll eingerichtete Wohnung, und auch ihr Kühlschrank war voll.

Eine Botschaft von Dori

Ich muss vorsichtig sein, wenn ich den Menschen von Jesus erzähle. Doch es ist mir solch ein Anliegen, dass sie ihn kennenlernen, dass ich vielen von ihm erzählt habe – vielleicht zu vielen. Es ist keine große Übertreibung, wenn ich sage, dass ich vielleicht auch als Leiche auf einer Rollbahre enden werde, wie meine Nachbarn damals.

Aber Jesus ist alle Gefahren und jeden drohenden Blick wert. Inzwischen ist auch Hania eine Nachfolgerin von Jesus geworden. Oft betet sie: „Jesus, ich liebe dich so sehr, dass ich platze!" So zeigt sie ihrem Heiland ihre ganze Dankbarkeit. Ich bin so dankbar, dass sie dabei ist, eine Frau Gottes zu werden, auch wenn sie genauso wie ich um die Risiken weiß.

Bei Saib ist es bis jetzt eine andere Geschichte. Er sieht, wie Hanias und mein Leben sich verändert hat, aber er findet, dass er das Andenken seines Vaters besudeln würde, wenn er auch nur über Jesus redete. Er weiß, dass sein Vater nicht wirklich ein praktizierender Muslim war, aber er hat noch seine Schwierigkeiten.

Zum Glück hat Saib mehrere Freunde, die Jesus lieben. Er hat sie in Samars Gemeinde kennengelernt, in die wir nach wie vor jede Woche gehen. Die meisten der Familien dort sind Muslime, aber einige sind heimliche Christen. Wir heißen neue Flüchtlinge willkommen, unterhalten uns mit ihnen über unser Leben in Syrien und essen wie Könige.

Saib spielt mit den anderen Jungen Fußball, und sie werden schier verrückt, wenn sie den brasilianischen Fußballstar Ricardo Kaká anfeuern, der für den AC Mailand spielt. Muslime wie Christen lieben diesen Mann. Er ist Christ. Eines Tages riss er, als er wieder ein Tor geschossen hatte, sein Trikot hoch und jeder konnte lesen, was auf seinem Unterhemd stand: *Ich liebe Jesus!*

Mein Leben in Jordanien wird nie so sein wie in Damaskus, aber für alles Gold, das wir früher hatten, würde ich nicht zurückgehen. Wir waren unglückliche Menschen, die unter anderen Unglücklichen lebten. Wenn man die Grausamkeit, die Wut und die Bitterkeit von denen sieht, die weit weg von Jesus sind, sind all ihre Drohungen nichts gegen den Frieden, den unser Herr uns so reichlich schenkt.

Jesus und seine ersten Jünger sind auch wunderbare Vorbilder für uns Flüchtlinge. In der Nacht, in der er verraten wurde, sagte Jesus zu seinen Jüngern: „Auch ihr seid jetzt sehr traurig, aber ich werde euch wiedersehen. Dann werdet ihr froh und glücklich sein, und diese Freude kann euch niemand mehr nehmen" (Johannes 16,22). Schon bald mussten seine Anhänger Jerusalem verlassen und wurden Flüchtlinge.

Heute sagen die Menschen *mir*, dass aus meinen Augen Freude und Hoffnung leuchtet. Ich brauche mich um nichts in diesem Leben mehr zu sorgen – nichts! Jesus sitzt auf dem Thron und er wacht über mir. Alles, was mir geschieht – auch Verfolgung und Tod – muss zuerst an ihm vorbei.

Ich bitte ihn nach wie vor um alles, was wir brauchen, denn unser Vater ist der König des Universums. Als Königskinder dürfen wir nie daran zweifeln, dass er voll und ganz für uns sorgt. Egal, wie gut oder schlecht es Ihnen gerade geht: Jesus sorgt für Sie und gibt Ihnen das, was das Beste für Sie ist. Wenn man in Jesus ist, ist man nie vergessen.

Ach, übrigens: Könnten Sie für Saib beten? Ich verrate Ihnen noch ein Geheimnis: Er hat seit Neuestem Träume.

4

Gratisbibeln in der Moschee in Mossul

Ich dachte, der Schiefe Turm von Pisa steht in Italien. Kichernd betrachtete Schukri Hananija, seine Augen mit der Hand beschattend, das fast neunhundert Jahre alte Al-Habda-Minarett der Großen Al-Nuri-Moschee in Mossul (Nordirak). In einer Biegung, die fast vom Sockel bis zur Spitze reichte, glich es einem im permanenten Südwind emporgewachsenen Baum und ragte an die fünfzig Meter hoch in den azurblauen Himmel. Die Kuppel hatte die Farbe eines von Jahrhunderten Wüstensonne ausgebleichten Knochens, der übrige Turm war in sieben horizontale Steinstreifen in unterschiedlichen Hellbrauntönen gegliedert. Mindestens eine ganze Minute starrte Schukri zu dem schiefen Turm hoch. „Sieht wie 'ne Banane aus", sagte er laut zu sich selbst.

Ein Imam, der gerade vorbeiging, riss ihn aus seinem Selbstgespräch. Ohne anzuhalten, gab er ihm die offenbar übliche Erklärung für die Neigung des Turmes. „Das Minarett verneigt sich vor dem Propheten Mohammed!"

Meint der das ernst? Schukri hatte den Eindruck, dass die Antwort „Ja" war, und verkniff sich weitere Kommentare, bis der Imam sich mehrere Schritte von ihm entfernt hatte. Dann murmelte er: „Das ist die schlechteste Ausrede für Pfusch am Bau, die ich je gehört habe."

Es war das erste Mal, dass Schukri den legendären Turm sah, aber er wusste, dass es nicht das letzte Mal sein würde. Er war gewissermaßen dienstlich in Mossul. Vor mehreren Wochen hatte Gott ihm gezeigt, dass seine Zeit in seiner Heimatstadt Falludscha abgelaufen war und dass er und seine Frau

Chadidscha nach Mossul umziehen sollten, um dieser Stadt das Evangelium zu bringen. Den ganzen nächsten Monat würde er die Stadt zu Fuß erkunden, für sie beten und fasten und so ihren Umzug vorbereiten. Schukri freute sich, dass Gott ihm einen so eindeutigen Auftrag gegeben hatte. Aber ihm war auch klar, dass in diesem neuen Leben, das vor ihm lag, ein anderer Wind wehen würde als bisher.

Noch vor wenigen Jahren war Schukri die reinste Stimmungskanone gewesen. Trotz Krieg, Terror und der allgemeinen Gewalt des Alltags in Falludscha war Schukri immer für einen Witz gut gewesen.

„Wir Iraker sind total verrückt", hatte er einmal in einem Café dem Vertreter irgendeiner nichtstaatlichen Hilfsorganisation gesagt. „Wir haben das Leben unter Saddam Hussein gehasst. Wir haben ihn überhaupt nicht gemocht. Aber das muss man ihm lassen: Unter ihm herrschte Ordnung im Land, es gab Regeln, und wenn einer gegen die Regeln verstieß, hatte das Konsequenzen, und zwar drastische."

Der Ausländer hatte genickt und dabei über Schukris Offenheit geschmunzelt. Der, froh, einen Zuhörer zu haben, fuhr fort: „Wir brauchen das, denn wir Iraker sind ein aufmüpfiges Volk – schon immer gewesen! Mal ganz ehrlich: Wenn Falludscha von der Landkarte verschwinden und jemand das ganze Gesocks, das hier wohnt, auf den Mond schießen würde, der Irak wäre ein viel sichereres Land. Ich muss es wissen, ich hab mein ganzes Leben hier gewohnt."

Der Ausländer fand, dass Schukri mehr wie ein Iraner als wie ein Iraker klang.

Wenn seine unverfrorenen ehrlichen Meinungsäußerungen nicht reichten, seine Zuhörer zum Kichern zu bringen, griff Schukri auf seinen scheinbar endlosen Vorrat an politischen Witzen zurück. Er war süchtig danach, andere zum Lachen zu bringen; das war seine Droge, die ihn in der gewalttätigen Nachbarstadt von Bagdad überleben ließ.

Diese Überlebensstrategie kam bei den Menschen gut an. Wer Schukri kennenlernte, wurde sofort sein Freund; selbst seine Frau staunte immer wieder, wie viele Menschen die Bekanntschaft mit ihrem Mann suchten. In einem Land, wo der religiöse Hass die ganze Gesellschaft durchdringt, hasste Schukri niemanden, ob er nun Muslim oder Christ, Sunnit oder Schiit, fundamentalistisch oder säkular war. Und er hielt sich etwas darauf zugute, mit allen gut auszukommen. Seine Freunde lobten ihn in den höchsten Tönen: „So jemand wie Schukri findest du kein zweites Mal! Wenn er je eine Audienz bei Saddam Hussein bekommen hätte, der hätte sich auf dem Teppich gerollt vor Lachen." Oder: „An Schukri ist ein Politiker verloren gegangen, aber ein richtiger! Alle lieben ihn."

Auf dem schlüpfrigen Parkett der Religion wahrte der unterhaltsame Iraker sein Gleichgewicht, indem er Gott für sich persönlich für bedeutungslos hielt. An Gott zu glauben war absurd. Was hatte die Religion denn seinem Heimatland gebracht? Sie war doch schuld an den ganzen Kriegen im Nahen Osten, an all dem Terror, der das Leben so unerträglich machte! Selbst viele von Saddam Husseins Morden waren im Namen der Religion erfolgt.

Und dann das Märchen von der „Einheit" des Irak! Dank der „Gläubigen" gab es im Land drei unterschiedliche religiöse Kulturen, die jegliche Schritte in Richtung Einheit sabotierten: Die Sunniten, die Schiiten und die Kurden. In dem einst so stolzen Babylonien brachten die Muslime sich zu Tausenden gegenseitig um. Und wozu? Um zu beweisen, wer den Koran am wörtlichsten befolgte? Oder den Propheten Mohammed mehr liebte? Bei dem bloßen Gedanken wollte Schukri übel werden.

Aber er behielt das, was er dachte, so für sich, dass selbst Chadidscha ihn jahrelang für einen „Gläubigen" hielt. Bis die überzeugte Muslimin ihn eines Tages zur Rede stellte: „Nicht wahr, du glaubst nicht mehr an den Islam?"

Nicht mehr? Schukri war sich nicht sicher, ob er jemals wirklich an den Islam geglaubt hatte. Aber wie sein persönlicher Glaube, der ihm so viele Freundschaften ermöglicht hatte, auch aussah – an jenem Abend im Haus seines guten Freundes Omar wurde alles anders.

Omar hatte Schukri eingeladen. Schukri wusste schon nicht mehr, seit wann er Omar kannte, aber besucht hatte er ihn noch nie. Bestimmt war Omar das auch aufgestoßen, und jetzt wollte er seinen Mangel an Gastfreundschaft durch einen gemütlichen Abend wiedergutmachen. So dachte Schukri. Doch da lag er falsch. Aber lesen wir, was er später im Kreise von ein paar neuen Freunden berichtete:

Als ich in das Haus trat, saßen zwei Dutzend Leute im Wohnzimmer, die alle lächelten. Ich fragte: „Omar, was macht ihr hier?" Ich hatte das dumme Gefühl, gerade in einer heimlichen Gebetsversammlung gelandet zu sein.

Omar sagte: „Schukri, bitte bleib doch ein paar Minuten hier. Ich möchte dir meine Freunde vorstellen."

Ich hatte große Lust, mich umzudrehen und gleich wieder zu gehen, aber etwas hielt mich fest, trotz des Knotens in meinem Magen. Ich hatte Moscheen erlebt – und auch ein paar Kirchen –, wo die Leute nur ihre Rituale abspulten und nur deshalb kamen, weil man das von ihnen erwartete. Aber diese Menschen hier waren anders. Mag sein, dass es hirnverbrannt von ihnen war, ausgerechnet in Falludscha einen christlichen Gottesdienst abzuhalten, aber es war keine Show, es war Ernst. Was die hier machten, konnte sie das Leben kosten. Man riskiert nicht seinen Kopf für etwas, von dem man nicht überzeugt ist. Und so blieb ich.

Ich hatte noch nie eine solche Liebe und Annahme erlebt wie in dieser Gebetsversammlung. Wildfremde fragten mich, wie es meiner Familie ging: Wie schafft ihr das, mit all dieser Gewalt, die unsere Stadt einen Abend nach dem anderen in die Nachrichten bringt? Braucht ihr etwas?

Nein, sie bearbeiteten mich nicht, „einer von ihnen" zu werden. Sie zeigten mir einfach, dass ich ihnen wichtig war. Doch dann erwischte mich doch noch einer. Unvermittelt fragte er mich: „Wenn du Gott um etwas bitten könntest, was wäre das?"

Mein erster Gedanke war, dass ich mich nicht würdig fühlte, Gott um etwas zu bitten – vor allem, da ich doch gar nicht mehr an ihn glaubte. Das musste doch wohl einer Majestätsbeleidigung gleichkommen.

Aber der Mann ließ nicht locker. „Schukri, wir verlangen nicht von dir, dass du dasselbe glaubst wie wir. Aber *wenn* du an Gott glaubtest, um was würdest du ihn dann bitten?"

Ich überlegte und murmelte die beste Antwort, die mir einfiel: „Also, wenn ich an Gott glaubte und einen Wunsch frei hätte, würde ich ihn wahrscheinlich bitten, unserem Land Frieden zu bringen."

Mein Gegenüber nickte. „Ja, das wünscht sich wohl jeder denkende Mensch auf unserem Planeten."

Ich war erleichtert, dass meine Antwort ihm zu gefallen schien, aber dann kam der nächste Hammer: „Schukri, es ist prima, dass du das Beste für unser Land willst, aber wenn du Gott um etwas *für dich persönlich* bitten könntest, was wäre das?"

Spielte der Mann die gute Fee, bei der man drei Wünsche frei hat? Aber nein, es war ihm vollkommen ernst. Und dann merkte ich, was die Antwort meines Herzens war, und ich musste schlucken, als ich sie aussprach: „Ich … würde Gott bitten, mir zu zeigen, wie ich so beten kann wie ihr." Ich schaute in die Reihe der Gesichter vor mir und nickte. „Ja, das wäre meine Bitte." Verlegen senkte ich den Kopf.

Als ich ihn wieder hob, hielten alle im Raum die Hände zu mir ausgestreckt und sie beteten mit einer Leidenschaft, wie ich es noch nie erlebt hatte, so, als ob sie wirklich glaubten, dass da einer war, der ihre Gebete – und *meine* Bitte! – hörte. In einem Land, wo die Menschen nicht mehr wissen, an was sie glauben sollen, glaubten diese Menschen von ganzem Herzen, dass Gott meine Bitte erhören würde.

Ich spürte, wie mir Tränen über die Wangen liefen. Meine Sitznachbarn legten die Hände auf meine Schultern. Da brachen bei mir die Dämme und ich begann, haltlos zu weinen.

Als sie fertig gebetet hatten (und ich fertig geweint hatte), fiel mir etwas auf, was mir beim Betreten des Raumes entgangen war. Die Menschen, die hier für mich beteten, kamen aus christlichen wie aus muslimischen Kreisen. Was sie hier machten, schien überhaupt nichts mit *Religion* zu tun zu haben. Sie sprachen nicht über Religion, sie sprachen über Jesus. Das musste ich Chadidscha sagen, wenn ich nach Hause kam!

„Chadidscha? Schätzchen?" Schukri setzte sich vorsichtig auf den Bettrand. „Bist du noch wach? Wir müssen was bereden."

Seine Frau drehte sich in seine Richtung. „Ja, ich bin wach. Aber, Schukri, es ist doch schon nach Mitternacht. Kann das nicht bis morgen warten?"

Schukri legte liebevoll seine Hand auf die Hüfte seiner Frau. „Nein, Liebste, das kann es nicht. Bitte: Nur eine Tasse Tee, und dann gehen wir ins Bett. Geht das?"

„Eine Tasse?"

„Eine einzige. Aber erst musst du mir noch versprechen, dass du mich nicht für verrückt erklären wirst."

Chadidscha stützte sich auf ihren einen Ellenbogen, legte den Kopf zur Seite und lächelte. „Ich werd's versuchen." Was mochte ihr Mann, der alte Spaßvogel, diesmal auf Lager haben?

Schukri stellte seine Tasse ab, während Chadidscha ihre an den Mund hob. Er sah sie über den Küchentisch an. Das Herdlicht warf Schatten, die ihre Augen noch tiefer erscheinen ließen. „Chadidscha, wärst du bereit, für Allah zu *sterben*?", begann er.

Die junge Frau blinzelte zuerst, dann schnellte ihr Kopf von der Tasse zurück, die sie gerade an den Mund setzen wollte. „*Was?*" Ihr stets zu Witzen aufgelegter Mann schien es diesmal ernst zu meinen.

Schukri schaute in seinen Tee, dann zurück zu Chadidscha. „Okay, lass es mich anders sagen: Woher weißt du, dass der Islam wahr ist?"

Es blieb nicht bei einer Tasse Tee. Als die ersten Sonnenstrahlen durch das Küchenfenster fielen, unterhielten sich die beiden immer noch.

Schukris Frage löste bei Chadidscha eine ganze Flut von Gegenfragen aus: „Glaubst du, dass der Islam nicht wahr ist? Wie sollen wir die Wahrheit wissen können, wenn nicht durch den Islam? Hast du Zweifel an Allah? An den Imamen? Am Koran?"

Schukri beantwortete jede Frage mit dem, was ihm nach der christlichen Gebetsversammlung die richtige Antwort zu sein schien. Er war sich nicht über alles im Klaren, aber sein Herz sagte ihm, dass er dem, was er da in Omars Wohnzimmer erlebt hatte, nachgehen musste. Doch als der Morgen kam, fand Chadidscha immer noch, dass der richtige Weg zur Beantwortung all der Fragen nicht darin bestand, dem Islam den Rücken zu kehren, sondern tiefer in ihn einzutauchen. Schließlich einigten die beiden sich auf einen Kompromiss.

„Chadidscha", sagte Schukri, „ich mache dir einen Vorschlag. Ich besitze ein Indschil (Neues Testament; d. Übers.). Wie wär's, wenn wir das zusammen lesen?"

Chadidscha verbiss sich die Frage, wo er das Neue Testament herhatte, und stimmte seinem Vorschlag zu. Beiden war klar, dass sie bei ihrem Vorhaben absolute Diskretion wahren mussten; sie würden keiner Menschenseele etwas von ihrer Wahrheitssuche erzählen.

Zwei Wochen später ging Chadidscha mit zu der geheimen Gebetsversammlung. Da sie zum ersten Mal da war, stellte ihr eine Teilnehmerin eine Frage: „Chadidscha, wenn du Gott um etwas bitten könntest …"

Nach diesem Abend fing Jesus an, die Hananijas zu besuchen. Eines Nachts, nachdem sie mit Schukri das Matthäusevangelium zu Ende gelesen hatte, sah Chadidscha in einem Traum den auferstandenen Jesus. In einer anderen Nacht – sie hatten diesmal im Johannesevangelium gelesen – erschien Jesus Schukri im Traum als der Gute Hirte. Und nach jeder dieser nächtlichen Offenbarungen stellten Schukri und Chadidscha am folgenden Morgen fest, dass sie beide genau den gleichen Traum gehabt hatten.

Was danach geschah, hat Schukri oft erzählt:

Ich war der große Zweifler, wenn es um Religion, Glauben und Gott ging, nicht Chadidscha. Für mich war Religion eine Art Gift. Schauen Sie sich nur den Nahen Osten an, der schon wieder kaputtgeht, weil die Religion versucht, die Politik zu bestimmen. Das Ergebnis scheint zu bestätigen, was man in unserer Gegend öfters hört: „Was kommt heraus, wenn man Religion und Politik mischt? Politik." Genauer gesagt: *Schlechte* Politik.

Aber Jesus hatte nichts zu tun mit religiösen Systemen. Oder mit Politik. Er errichtete sein Reich in den Herzen der Menschen, jedes Mal, wenn er sagte: „*Ich* aber sage euch …" Wow! Was für vollmächtige Worte! Die Menschen konnten gar nicht genug von ihm hören. Und die religiösen Oberen hatten – völlig zu Recht – Angst vor ihm.

Als ich das erste Mal das Neue Testament las, dachte ich glatt, dass die Pharisäer Muslime waren; sie glichen unseren Scheichs und Imamen bis aufs i-Tüpfelchen!

Der Irak ist als eines der korruptesten Länder im Nahen Osten bekannt, und nirgendwo zeigt sich das deutlicher als in unserer Religion. Ein Muslim darf zum Beispiel keinen Alkohol trinken, aber auf den meisten Hochzeiten, die ich in Bagdad besuche, gibt es eine Bar. Wie das möglich ist? Jetzt wird es lustig. Man sucht sich einen Imam, der gegen ein kleines Honorar dieses islamische Gebot für die Dauer der Hochzeitsfeierlichkeiten außer Kraft setzt, und – schwupps! – darf man ruhigen Gewissens zugreifen. Das lassen sich die Leute nicht zweimal sagen. Aber sie sehen die Heuchelei natürlich ganz genau, gerade so wie die „normalen" Menschen zur Zeit von Jesus.

Jahrelang glaubte man, dass Saddam Hussein Massenvernichtungswaffen gehortet hatte. Bewiesen worden ist das nie; ich persönlich glaube, dass er tatsächlich welche hatte, die er rechtzeitig nach Syrien schaffte. Aber wie dem auch sei, eine viel größere Gefahr als die Massenvernichtungswaffen sind die, wie ich sie nennen möchte, Massen*verführungs*waffen. Die Religionen – allen voran der Islam – reden den Menschen ein, dass sie sich Gottes Gunst durch das Einhalten von Regeln und Gesetzen verdienen können. Es ist ein Denken, das direkt aus der Küche des Teufels kommt und das gefährlicher ist als Bomben und Raketen, weil es die Menschen für die Ewigkeit zerstören kann.

Als Chadidscha und ich anfingen, Jesus nachzufolgen, war uns sofort klar, dass wir seine Botschaft der Gnade und Vergebung zu den Muslimen bringen sollten. Wir beteten und fasteten und fragten den Herrn, wohin er uns schicken wollte. Nach dreißig Tagen hatten wir die Antwort. Gott sagte uns: „Geht nach Mossul."

Zuerst waren wir hocherfreut, endlich zu wissen, wo wir hinsollten. Doch dann dämmerte es uns, dass ja da, wo heute Mossul steht, früher *Ninive* gelegen hatte – die letzte Hauptstadt des Assyrerreiches und die Stadt, vor der der Prophet Jona solche Angst hatte, dass er Gott davonlief. Auf einmal konnte ich Jona gut verstehen. Die Assyrer galten zu ihrer Zeit als die brutalsten Eroberer der Welt. Auch der Prophet Nahum verkündete Gottes Gerichtsbotschaft über Ninive, doch die Wirkung hielt nicht lange an. Wer den Leuten von Ninive in die Hände fiel, den töteten, folterten oder verstümmelten sie und prahlten auch noch damit. Es kam vor, dass sie ihre Opfer lebendig häuteten! Und dass ganze Dörfer den Selbstmord wählten, wenn sie hörten: „Die Assyrer kommen!"

Die islamischen Terroristen, die heute in dieser alten Stadt den Ton angeben, führen dieses grausame Erbe fort. Die Parallelen drängen sich förmlich auf. Seit der Zeit vor Jona sind es die gleichen Mächte der Finsternis, die die Menschen in dieser Stadt beherrschen. Nein, Mossul wäre kein Zuckerschlecken ...

Schon die Reise dorthin konnte unser Tod sein. Von Falludscha nach Mossul sind es keine fünfhundert Kilometer, aber man muss Dutzende Kontrollpunkte passieren, von denen jeder in einem Augenblick zum Schlachtfeld werden kann, wenn die falschen Leute die Waffen aufeinander richten. Fast jeden Tag kommt es an einem von ihnen zu einem Blutbad. Offiziell kontrolliert das irakische Militär die Kontrollpunkte, aber x verschiedene Terrorgruppen versuchen, sie zu überrennen, meist durch Selbstmordattentate mit Autobomben.

Auf der Reise von Falludscha nach Mossul fährt man die westliche Seite des sogenannten sunnitischen Dreiecks entlang, das von Bagdad (der südöstlichen Ecke) nach Ramadi (der Südwestecke) und dann hoch nach Tikrit (der Nordecke) führt. In dem von diesem Dreieck beschriebenen, dicht besiedelten Gebiet ist fast jeder Bewohner sunnitischer Muslim; die dortigen Städte gehören zu den gewalttätigsten Orten der Welt. Manche Experten sehen in diesem Dreieck eines von drei künftigen Ländern innerhalb der Grenzen des heutigen Irak. Sie glauben, dass der Irak als ein Gesamtstaat nicht überlebensfähig ist und dass die drei künftigen Staaten auf Religion, Ethnie und politischen Interessen basieren werden – ein Staat für die Kurden, einer für die Schiiten und einer für die Sunniten. Das Herz von „Sunnistan" wäre das Dreieck.

Ein Großteil der Straße von Falludscha nach Mossul verläuft entlang des Tigris. Die Biegungen und Windungen des Flusses und seine dichten Ufergehölze machen es den irakischen Sicherheitskräften unmöglich, die Stammesmilizen, die diesen alten Wasserweg unsicher machen, auszuschalten. Doch ich hatte keine Angst, als ich ganz alleine nach Mossul aufbrach, um in der Stadt einen Monat lang meine Erkundungs- und Gebetsspaziergänge zu machen. Zwischen Falludscha und Mossul hatte ich so viele Freunde und Verwandte, dass ich bei Bedarf stündliche Updates über die Sicherheitslage auf dem vor mir liegenden Wegabschnitt bekommen konnte. Außerdem verfügte ich dadurch über genügend Möglichkeiten, mich zu verstecken oder Hilfe zu erhalten.

Was mir aber tatsächlich Angst machte, war der Gedanke, anschließend mit meiner geliebten Chadidscha und unseren beiden Kindern nach Mossul zu ziehen. Würde ich es mir je vergeben, wenn einer von ihnen unterwegs ums Leben kam? Es war eine echte Bewährungsprobe für meinen noch jungen Glauben. Letztlich konnte ich die Reise und alles, was danach käme, nur in Gottes Hand legen.

Drei Monate, nachdem Schukri vor dem schiefen Minarett in Mossul gestanden hatte, durchbrachen die Scheinwerfer seines alten Toyota die Dunkelheit in den Außenbezirken von Falludscha in Richtung Bagdad. Neben Schukri saß Chadidscha, und beide schauten angestrengt nach vorne. Sie hatten kein gutes Gefühl auf dieser Straße. Hinter ihnen, auf der Rückbank, streckte sich die kleine Hand ihrer Tochter Sarah zu der noch kleineren Hand ihres Bruders Walid. In Bagdad bogen sie auf die Route 2 nach Norden ab, Richtung Mossul; ein geheimnisvoller Friede senkte sich über das Auto und die Menschen darin.

Etwa dreihundert Kilometer nördlich erreichte ungefähr zur gleichen Zeit ein einsamer Reisender die Straße nach Mossul, um die viel kürzere Strecke von Erbil nach Mossul, dem früheren Ninive, hinter sich zu bringen. Ibrahim al-Medina ging zu Fuß und seine Reise war nicht freiwillig. Der unverheiratete Araber war über Nacht zur unerwünschten Person geworden, als die kurdische Regierung alle unverheirateten arabischen Männer unter dreißig Jahren aus der Region auswies. Das Gesetz war problemlos durch die Instanzen gegangen und wurde binnen einer Woche umgesetzt.

Wie die meisten anderen ethnischen Gruppen im Nahen Osten versuchen die Kurden gar nicht erst, politisch korrekt zu sein. Sich abzugrenzen ist ein Volkssport, und ein alleinstehender junger Araber gilt in einem überwiegend kurdischen Gebiet als Risikofaktor höchsten Grades.

Ibrahims Schultern sackten nach unten, als der kurdische Grenzwächter ihn durch den letzten Kontrollpunkt winkte und er das Sunnitische Dreieck betrat. Er hoffte inständig, dass niemand seinem Geheimnis auf die Spur kommen würde, zumindest so lange nicht, bis er einen sicheren Hafen gefunden hatte. Es wollte Ibrahim schier das Herz brechen, dass er die Hausgemeinde, die im Laufe des letzten Jahres seine Familie geworden war, schon wieder verlassen musste. Er war schließlich erst seit elf Monaten Christ. Dass er in seinem Lieblingscafé so vielen Leuten von Jesus erzählt hatte, konnte ihm jetzt das Genick brechen. Er hatte jedem, der sie hören wollte, die Geschichte seiner Bekehrung erzählt, und binnen Monaten platzte seine Wohnung aus den Nähten, so viele suchende Menschen kamen in seinen Bibelkurs, der von der Schöpfung zu Jesus Christus führte.

Drei Abende in der Woche hatten kurdische Muslime, die sich nach innerer Erfüllung sehnten, Ibrahim mit Fragen über die Bibel, Jesus und den christlichen Glauben gelöchert, aber diese Tage waren vorbei. Es waren nur gut vierzig Kilometer von Erbil nach Mossul und Ibrahim schätzte, dass die Nachricht von seiner Bekehrung seine Familie bereits erreicht hatte. Wenn er die Dinge richtig sah, würde die Begegnung mit seinem Vater, einem hochrangigen IS-Mitglied, nicht gut verlaufen.

Ibrahim und Schukri waren weit voneinander entfernt aufgewachsen und waren sich nie begegnet. Aber beide wussten, was für eine geistliche Finsternis sie in Mossul erwartete – und was für ein gefährliches Pflaster diese Stadt für sie als Christen wäre. Die meisten Christen in der Region stammten aus christlichen Familien, was ihnen eine gewisse Toleranz vonseiten ihrer muslimischen Nachbarn garantierte. Doch die beiden modernen Jonas waren ehemalige Muslime, die freiwillig ihren Glauben verlassen hatten, um Jesus nachzufolgen – und diese eine Tatsache verhundertfachte die Gefahr, in der sie standen. Ihre „Abtrünnigkeit" war ein unverzeihbarer Schlag ins Gesicht des Islam.

Aber anders als einst Jona gehorchten Schukri und Ibrahim dem Ruf Gottes und begaben sich geradewegs nach Mossul. Keiner von ihnen brauchte Nachhilfestunden im Bauch eines großen Fisches.

Eine Nachtfahrt von Falludscha bzw. ein nächtlicher Fußmarsch von Erbil brachten die beiden Evangelisten gegen Tagesanbruch nach Mossul. Ibrahim kannte einen Freund in der Stadt, dem er trauen konnte; er würde es riskieren, Ischmael beim Frühstück zu stören, um herauszufinden, was ihn in der Stadt erwartete.

„Natürlich wissen die das, Ibrahim!"

Ischmael, der auf der anderen Seite des Küchentischs saß, schaute finster drein. „Das war doch vor einem Jahr, nicht? Du weißt, dass Religion mir nichts bedeutet, mein Freund, es spielt für mich keine Rolle, welchem Glauben du anhängst. Aber dein Vater sieht das nicht so, das weißt du genauso gut wie ich!"

Ibrahim rührte schweigend seinen Tee um und betrachtete den kleinen Strudel, den der Löffel zeichnete.

„Ibrahim!"

Die Härte in der Stimme seines Freundes ließ den Kopf des Besuchers hochrucken.

„Dein Vater hat geschworen, dass der Tag, an dem du deinen Fuß in diese Stadt setzt, dein letzter sein wird."

Ibrahim atmete langsam ein. Er spürte, wie die Luft durch seine Zähne ging und die Panik nach hinten schob.

„Um Gottes willen – wer immer das für dich ist – geh überall hin, aber nicht nach Mossul! Und jetzt fort mit dir."

Seit seinem ersten Schuljahr hatte Ibrahim keinen Freund mehr geschätzt als den Mann, der ihm jetzt gegenübersaß und ihn beschwor zu gehen. Er nahm seine Angst nicht auf die leichte Schulter. „Gut, Ischmael, ich gehe woandershin. Und ich danke dir; du bist mir näher als mein eigenes Fleisch und Blut." Ibrahim legte seinen Löffel auf die Untertasse. „Lass mich nur eben noch ins Bad gehen."

Fünf Minuten später stand er oben im Badezimmer und trocknete sich das Gesicht mit einem Handtuch, als ein Geräusch von unten ihn erstarren ließ – das Krachen von zersplitterndem Holz. Es war der Rahmen der Eingangstür, als mindestens drei Männer ins Haus stürmten. Er hörte, dass unten ein Handgemenge begann; das fast zwanzig Zentimeter lange Messer an Ischmaels Kehle konnte er nicht sehen. Eine Männerstimme brüllte Ischmael an zu sagen, wo Ibrahim war. *Die Stimme von Ibrahims Vater.*

Dann, keuchend, Ischmaels Stimme. „Ja, ja, er war hier. Aber er ist schon wieder weg – in die Stadt, hat er gesagt."

Während er ein Gebet zum Himmel hochschickte, dass sein Vater Ischmael glaubte, legte Ibrahim das Handtuch zur Seite, trat ans Fenster, öffnete es vorsichtig und schlüpfte lautlos auf das Flachdach. Drei Schritte und er erreichte seinen Rand und sprang in den Garten. Noch ein paar Schritte und er sprang über den Zaun. Als sein Vater aus Ischmaels Haustür hinausstürmte, war Ibrahim bereits im Straßenlabyrinth des Viertels verschwunden. Aber nicht in Richtung Innenstadt.

„*Marhaba*[5], Mutter."

Nadimah al-Medina fuhr zusammen und drehte sich um. Sie hatte nicht gehört, wie ihr Sohn zur Küchentür hereinkam.

„Mutter, ich habe dich so vermisst!"

Nadimahs Gesicht wurde aschfahl. „Dein Vater wird jeden Augenblick hier sein, Ibrahim", flüsterte sie. „Du kannst noch fliehen."

„Das weiß ich doch, Mama." Ibrahim breitete seine Arme aus und trat zu seiner Mutter. „Und danke für deine Warnung. Aber ich bin gekommen, um dir, Vater und meinen Brüdern und Schwestern die Wahrheit zu sagen. Ihr müsst sie hören – ihr alle."

Seine Mutter schüttelte den Kopf und streckte abwehrend ihren rechten Arm aus. „Nein, Ibrahim, nein. Bitte geh."

Bevor er antworten konnte, hörten sie, wie die Haustür aufflog. Sechs schwere Schritte und Dschihad al-Medina stand hinter seiner Frau und funkelte seinen Sohn an. Plötzlich kam Ibrahim die Küche wie das Niemandsland zwischen den Fronten in einem Krieg vor. Einige Sekunden starrten die beiden Männer einander an.

„Vater, wenn du mich tötest, werde ich meine heilige Pilgerfahrt vollendet haben. Gott hat mich hierhergeschickt, um euch die Wahrheit zu sagen. Ihr seid die Familie, die ich liebe, und nichts kann das ändern. Aber Jesus hat mich frei gemacht." Er sah, wie das Gesicht seines Vaters bei dem Wort *Jesus* zusammenzuckte. „Ich habe keine Angst vor dem Sterben."

Dschihad al-Medinas Augen waren kalt. „Wir werden sehen, ob das stimmt."

---

[5] Arabischer Gruß.

Eine Stunde später kniete Ibrahim an der Straßenkreuzung an der Nordwestecke der Al-Nabi-Yunus-Moschee, seine mit Klebeband fest auf den Rücken gebundenen Hände blau von der mangelnden Durchblutung, um ihn herum ein lärmender Kreis von Verwandten und vielleicht dreißig Schaulustigen aus der Moschee. Einer der Männer, die in Ischmaels Haus eingedrungen waren, band ein schwarzes Tuch um Ibrahims Augen.

„Jesus …" – Ibrahims Lippen formten das Wort, das er mehr liebte als alles andere –, „… bitte vergib meiner Familie. Vergib all diesen Menschen hier. Bitte sei ihnen gnädig."

Dschihad al-Medina hielt die Mündung seiner AK-47 an Ibrahims Stirn und ließ das Gehirn seines Sohnes über den Mob spritzen.

Sechs Häuserblocks westlich von der Szene fuhr ein Toyota langsam über die über den Tigris führende Al-Jamahiriya-Brücke. Ein weiterer Bote Gottes war in Ninive angekommen.

Über 2700 Jahre war es her, seit Jona das Ufer des großen Flusses erreicht hatte, aber die Bosheit der damaligen Einwohner lebte unter der Herrschaft des „Islamischen Staates" wieder auf, dieser neuen, im Vergleich zu Al Kaida noch brutaleren Terrororganisation. Im Frühjahr 2013 von dem Iraker Abu Bakr al-Baghdadi gegründet, tat sie sich zunächst als „ISIS" und später „Islamischer Staat" (IS) mit einer derartigen Brutalität hervor, dass sogar Al Kaida nichts von ihr wissen wollte. Nach allem, was Schukri gehört hatte, waren ihre Foltermethoden selbst für nahöstliche Verhältnisse schier unvorstellbar.

„Schukri, der Herr ist mit uns." Chadidscha schaute zu ihrem Mann hin. Auf der Rückbank waren Sarah und Walid noch im Land der Träume. „Wie sonst willst du es erklären, dass wir an keinem einzigen Kontrollpunkt Probleme hatten? Die Kinder haben die ganze Nacht geschlafen, und jetzt sind wir dort, wo Gott uns hingerufen hat!"

Auch Schukri spürte den Segen Gottes im Auto. Doch draußen schien es nur Angst und Hoffnungslosigkeit zu geben. Die geistliche Spannung, die er gespürt hatte, seit er am vergangenen Abend Falludscha verlassen hatte, schien hier in Mossul noch zehnmal größer zu sein.

Er lenkte den Wagen um einen skandierenden Mob herum, der vor einer Moschee die halbe Kreuzung blockierte. Die Leiche in der Mitte, die nur noch ihren halben Kopf hatte, sah er nicht. In diesem Leben würde er Ibrahim al-Medina nie treffen, seinen Mit-Jona.

Schukri zeigte im Vorbeifahren auf die Moschee. „Ich finde, der beste Ort, um mit Muslimen ins Gespräch zu kommen, ist eine Moschee."

Chadidscha runzelte die Stirn „Aber wahrscheinlich auch der gefährlichste, Schukri."

„Aber dort sind die wahren Gottsucher, Liebste. So viele fromme Menschen, die es ernst meinen, rufen dort zu Allah. Sicher, es gibt auch viele Fundamentalisten und Fanatiker, aber als ich alleine hier war, konnte ich mit dem Imam der Großen Moschee reden und der hat nichts dagegen, wenn ich bei ihm Bibeln verteile. Er hat mir natürlich einen Vortrag über die heiligen Schriften des Islam gehalten und gesagt, dass die Muslime nach der Lektüre der Bibel erst recht sehen werden, dass der Koran das einzig wahre und vollkommene Buch ist. Er hat bis jetzt nicht den Verdacht, dass ich kein Muslim mehr bin. Irgendwann wird er es merken, aber bis dahin bin ich schon in der nächsten Moschee."

Schukri klopfte auf das Lenkrad und fuhr mit wachsender

Begeisterung fort: „Stell dir das nur mal vor! Die Große Moschee hier ist seit tausend Jahren ein islamisches Gebetshaus! Mossul ist die ‚zweite Stadt' des Irak und diese Moschee ist ihr religiöses Herz. Aber ab dem nächsten Freitagsgebet werden die Gläubigen dort Jesus kennenlernen können."

Chadidscha quittierte die Begeisterung ihres geliebten Mannes mit einem stummen Nicken.

„Chadidscha, wir dürfen in die Fußstapfen von Jona und Nahum treten! Was für ein Vorrecht!" Er schaute seine Frau an und sagte langsam: „Was auch kommt, wir dürfen nie vergessen, dass *Jesus uns hierhergeschickt hat!* Er wird seinen Willen vor unseren Augen durchsetzen."

Zwei Tage später drängten sich Hunderte muslimische Gläubige in der tausend Jahre alten Moschee am Ufer des Tigris. Sie lag auf der anderen Seite des Flusses gegenüber der Moschee, vor der Ibrahim al-Medina am Mittwoch umgebracht worden war. Ibrahim war nicht der Einzige, der in dieser Woche eines gewaltsamen Todes gestorben war. Bombenanschläge und Feuergefechte zwischen IS-Kämpfern und irakischen Truppen hatten auf den Straßen der Stadt noch weitere zehn junge Männer das Leben gekostet. Nach jedem neuen Gemetzel waren die Moscheen am folgenden Freitag besonders voll.

Ein paar Minuten vor dem Beginn des Mittagsgebets trug Schukri Hananija drei Kartons mit arabischen Bibeln in die Große Moschee von Mossul. Er postierte sich gleich hinter der Eingangstür und begrüßte mit seinem unwiderstehlichen Charme die Gläubigen, als sei er der Erste Imam persönlich. „Bitte, für Sie." Mit strahlendem Lächeln reichte Schukri einem graubärtigen Mann eines der Bücher.

„Hier, bedienen Sie sich." Die nächste Bibel ging an einen jungen Mann mit glühenden Augen.

„Hier. Ein Geschenk für Sie."

Die meisten nahmen Schukris Geschenk höflich nickend entgegen und begannen, darin zu blättern. Doch vielleicht ein halbes Dutzend Männer in weißen *Dischdaschas*[6], die ein paar Schritte entfernt in der Moschee standen, sahen misstrauisch zu Schukri hin und unterhielten sich aufgeregt, offenbar über ihn. Einer von ihnen winkte einigen der Leute, die eine Bibel von Schukri bekommen hatten, zu. Ein Kreis begann sich um die *Dischdaschas* zu bilden, doch da hallte die Stimme des Imams durch das Innere der Moschee und die kleine Gruppe zerstreute sich wieder.

Als die Predigt begann, konnte Schukri es kaum glauben, dass der sympathische Geistliche, den er auf seiner Erkundungsfahrt gesprochen hatte, solch eine Hasstirade gegen so ziemlich alle Bevölkerungsgruppen im Irak vom Stapel lassen konnte. Außer natürlich gegen die Sunniten.

Mehrere Nachzügler huschten durch die Tür und Schukri verteilte seine letzten Bibeln. Er beugte sich gerade zu den leeren Kartons hinunter, die er hinter der offenen Tür abgestellt hatte, als die Worte des Imams ihn mitten in der Bewegung innehalten ließen.

„Mossul wird hundert Prozent sunnitisch werden! Niemand kann diese heilige Reinigung unserer alten Stadt stoppen! Christen, passt auf, eure Tage sind gezählt!"

Schukri fand, dass es Zeit war, nach Hause zu gehen.

„Na, wie war es in der Moschee?" Chadidscha schlug erleichtert in die Hände, als sie ihren Mann in der Tür erblickte. Dann fügte sie, halb besorgt, hinzu: „Gehst du nächste Woche in eine andere?"

---

[6] Die *Dischdascha* ist ein knöchellanges, meist weißes Gewand, das traditionell von arabischen Männern getragen wird.

Schukri nahm ihre Hände. „Liebste Chadidscha, ich glaube, unser Herr wird aus der Großen Moschee neue Jünger berufen, die ihm nachfolgen werden. Wie viele, wird die Zukunft zeigen, aber ich habe heute mehrere Gesichter gesehen, in denen die Sehnsucht brannte, Gott kennenzulernen. Darum waren sie ja in der Moschee." Er lächelte seine Frau an. „Viele von ihnen schienen nur auf eine Bibel gewartet zu haben; ich hab's richtig gespürt.

Du kennst ja die Muslime, Chadidscha. Vielen ist es ernst mit ihrem Glauben, aber sie sind irregeleitet und wissen das nicht. Der Große Betrüger hat sie im Griff – aber nicht mehr sehr lange."

Die beiden gingen in die Küche. Schukri fuhr fort: „Danke, meine treue Frau, dass du hier auf deinen Knien geblieben bist, im Gebet vor unserem Herrn. Ich weiß nicht, wie ich ohne den Schutzschild deines Gebetes einfach so in die Nur-al-Din-Moschee hätte spazieren können. Ich glaube, ich habe dort noch eine Woche, bevor ich in eine andere Moschee wechseln muss." Er zeigte mit der rechten Hand nach oben. „Und ich bin auch dankbar für deine Arbeit hier unter den Wohnungsnachbarn. Ich staune, wie viele Leute du schon kennst. Kommen die beiden Familien einen Stock höher morgen Abend zum Essen?"

„Ja, Schukri." Chadidscha zögerte. „Aber ehrlich gesagt, ich weiß nicht, ob das so eine gute Idee ist, noch mal in die Große Moschee zu gehen. Ich hab da so ein dummes Gefühl."

„Ich weiß, Chadidscha. Ich spüre da auch etwas. Wir wollen diese Woche Gott um seine Weisung bitten. Wir haben unsere Pläne, aber es kann über Nacht alles anders werden. Man hört, dass der IS versuchen wird, die Kontrolle über die Stadt zu übernehmen. Aber, wie Jesus in der Bergpredigt gesagt hat: ‚Sorgt euch nicht um den morgigen Tag.' Wir werden jeden Tag neu ganz für ihn leben, was auch geschieht."

„Da hast du recht, Schukri. Wir müssen beten. Aber ich habe Angst …" Die sanfte Frau schaute auf den Fußboden, dann sah sie wieder ihren Mann an. „Ich habe Angst, dass ich bald eine Witwe sein werde."

„Ich weiß, Chadidscha."

Am folgenden Freitag blieb Schukri mehrere Sekunden in der Küchentür stehen und schaute zu, wie seine Frau den Morgentee zubereitete. Sie bemerkte ihn nicht.

„Guten Morgen, Liebste!" Chadidscha schaute auf, fuhr sich mit der Hand über die Augen und lächelte sanft. Schukri fuhr fort: „Ich muss mit dir reden."

Sie sah ihn an. „Gerne."

„Heute Morgen hat der Herr mich aufgeweckt, und als ich zu ihm betete, hat er zu mir geredet." Schukri unterbrach sich, die Reaktion seiner Frau taxierend. „Ich … hatte den Eindruck, als ob er mir sagte, dass ich ihn heute sehen werde."

Chadidschas Unterkiefer fiel nach unten. „Oh, Schukri, nein! Dazu bin ich noch nicht bereit! Wir sind noch keine vierzig! Dich verlieren – nein!" Sie presste die Hände zusammen und hob sie an ihr Kinn. „Bitte geh heute nicht in die Große Moschee! Es ist Freitag, und was du da gehört hast, kann nur bedeuten, dass sie dich umbringen, während du deine Bibeln verteilst und den Leuten von Jesus erzählst!"

„Aber, Chadidscha, ich hab die letzte Zeit in der Apostelgeschichte gelesen, und diese Botschaft könnte auch bedeuten, dass der Herr heute den Muslimen in seiner Macht erscheinen wird. Ich weiß nicht, ob die Worte bedeuten, dass ich den Märtyrertod sterben werde, oder dass Jesus erscheinen wird. Kann sein, dass ich sterben werde, aber … Ich weiß nicht; vielleicht ist heute der Tag, wo Gott zu den Muslimen in Mossul durchbrechen wird. Du weißt doch, wie das bei Jona und Nahum war; als der Herr handelte, wurde an einem einzigen Tag alles anders!"

Schukri schüttelte den Kopf. „Nein, Chadidscha, ich muss da hin! Jesus hat uns aufgefordert, unser Kreuz auf uns zu nehmen und ihm zu folgen. Wenn das bedeutet, dass ich sterben muss, dann ist das halt so. Dann werde ich anschließend bei Jesus sein, und für dich und die Kinder wird er schon sorgen, da bin ich gewiss. Wir wissen doch, dass es richtig ist, dass wir ihm dienen, meine schöne Chadidscha." Er sah sie zärtlich an. „Wir wissen das doch, oder?"

Chadidscha nahm seine Hände. „Natürlich weiß ich das, Schukri. Aber irgendwie bringen diese Bibelverse heute eine andere Saite in mir zum Klingen. Ich muss heute Morgen eine Weile mit dem Herrn allein sein." Sie legte ihre Arme fest um Schukris Taille und vergrub ihren Kopf an seiner rechten Schulter. „Der Gedanke, dass nachher, wenn du zur Tür hinausgehst, ich dich vielleicht das letzte Mal umarme und deine strahlenden Augen sehe und dich lachen höre … Ich weiß nicht … Ich weiß nicht, ob ich das schaffe."

Schukri strich ihr über den Nacken. „Ich weiß, Chadidscha. Ich kann das auch nur ertragen, weil ich weiß: Wenn dies der letzte Tag mit dir sein sollte, ist es auch mein erster Tag mit Jesus. Ich liebe dich, mein Schatz." Er zog sie an sich. „Und jetzt lass uns mit den Kindern spielen."

Eine Viertelstunde vor dem Beginn des Freitagsgebets postierte Schukri sich wieder neben dem Schuhregal, direkt hinter dem Hauptportal der Großen Moschee. Wie vor einer Woche brachte er mit seinem Charme seine Bibeln gut unter die Leute. Mehrere der Besucher blieben für einen kurzen Plausch stehen, bevor sie, über eine von Schukris geistreichen Bemerkungen kichernd, in die Moschee hineingingen. Diesmal war Schukris dritte Bibelkiste schon leer, bevor der Imam zur Predigtkanzel hochstieg. Alles schien ruhig zu sein, Schukri verspürte keinerlei Gefahr.

Diesmal wartete er bis zum Ende der Versammlung, bevor er ging. Zusammen mit den anderen verließ er die Moschee und schwamm mit in dem großen Menschenstrom, die Al-Schasiani-Street entlang Richtung Süden. Er fragte sich, warum Gott ihm so deutlich den Gedanken ins Herz gegeben hatte, dass er heute Jesus sehen würde.

Zwei Blöcke weiter, an der Ninive-Street, bog er nach rechts ab. Der Menschenstrom war schmaler geworden, aber es waren immer noch zu viele, als dass einem irgendjemand besonders hätte auffallen können. Schukri war keine zehn weitere Schritte gegangen, als eine Hand seine Schulter packte und ihn abrupt zurückriss.

Er wirbelte herum. Aus dem Menschenstrom lösten sich sechs Männer in Dischdaschas, die einen Kreis um ihn bildeten. Unter drei der Dischdaschas konnte Schukri die typischen Umrisse einer Kalaschnikow ausmachen. Er streckte den Männern seine linke Hand entgegen.

„Habe ich Sie nicht letzte Woche in der Moschee gesehen?", fragte er. „Leider konnte ich mich da noch nicht vorstellen." Er lächelte. „Ich bin ein Bote des Herrn Jesus Christus."

Der Mann, der ihn an der Schulter gepackt hatte, zog einen Krummdolch unter seinem Gewand hervor. Die Klinge glänzte in dem Sonnenlicht. Der Mann erwiderte Schukris Lächeln. „Wir gehören zum IS."

Eine Botschaft von Chadidscha

Als ich hörte, dass sie Schukri gefoltert und umgebracht hatten, war ich wohl eine Stunde lang wie gelähmt. Was konnte ich gegen den Willen Gottes tun? Er hatte Schukri und mich nach Mossul geschickt, um dieser finsteren und bösen Stadt den Wohlgeruch Christi zu bringen. In unseren Gebeten hatten wir damit gerechnet, dass wir eines Tages den Märtyrertod für unseren wunderbaren Herrn sterben würden und wussten, dass es eine Ehre sein würde. Jetzt, wo Schukri nicht mehr war, fühlte sich das nicht mehr so ehrenvoll an.

Es ist mehrere Monate her, dass ich meinen geliebten Schukri verloren habe, und ich bin mir nicht sicher, ob ich es früher geschafft hätte, mich so zu fassen, dass ich anderen sagen kann, wie ich mich fühle. Ich sehne mich so nach meinem Mann; ich kann gar nicht sagen, wie sehr ich ihn vermisse. Er liebte mich mit der Liebe Christi. Und Sarah und der kleine Walid waren am Boden zerstört ohne ihren lieben *Abu*.[7] Aber der Herr ist in seiner Gnade dabei, ihre verwundeten Herzen zu verbinden.

Aber auch dies müssen Sie wissen: Wir verlassen den Irak nicht. Gott hat uns in dieses Land gestellt, und hier werden wir bleiben. Vielleicht hat Gott auch Sie an einen Ort gestellt, wo Sie weitermachen und nicht aufgeben sollen. Ich bin davon überzeugt, dass wir als Diener des Höchsten die Aufgabe haben, so lange das zu tun, was er uns aufgetragen hat, bis er uns einen anderen Auftrag gibt.

Ich darf Ihnen auch mitteilen, dass die beiden Ehepaare, die nach Schukris erstem Freitag in der Moschee zu uns zum Abendessen kamen, inzwischen Jesus nachfolgen. An dem

---

[7]   Arab. „Vater", „Papa".

Tag, als sie zum Glauben kamen, zeigten wir ihnen sofort, wie sie ihren Glauben weitergeben konnten, und inzwischen sind wir dreiundzwanzig Personen, die mitten in der Nacht Jesus feiern und anbeten. Ob das gefährlich ist? O ja. Aber es gibt noch viele andere, die sich für unseren wunderbaren Heiland interessieren. Sie haben furchtbare Angst vor dem IS und brauchen die Hoffnung, die das Evangelium gibt. Indem wir im Irak bleiben, zeigen wir ihnen, dass Jesus unser Beschützer ist und wir keine Angst vor dem haben, was Menschen uns antun können.

Der IS ist die womöglich schlimmste Terrorgruppe aller Zeiten. Inzwischen mussten wir nach Erbil umziehen. Der IS stellte uns vor die Wahl zwischen vier Möglichkeiten: zum Islam konvertieren, die Schutzsteuer (*dschizya*) zahlen, fortziehen oder sterben. Ich war bereit, zu meinem Jesus zu gehen und Schukri wiederzusehen, aber ich dachte an die Kinder, und so zogen wir fort. Doch Mossul braucht nach wie vor die Gegenwart Christi und ich versichere Ihnen: Der Tag wird kommen, wo wir Christen wieder zurückkommen.

Schukri war ein irdischer Schatz, den ich im Himmel wiederbekommen werde. Doch bis dahin vermisse ich so viel von dem, was er für mich war. Ich muss hier zuerst an seine Leidenschaft für Gott denken. Und zweitens … ja, an seine Witze. Er konnte jede Situation entschärfen mit seinem Sinn für Humor, der ihn nie verließ. Und auch sein Lächeln vermisse ich.

Am schwersten fällt es mir, Ihnen zu berichten, wie furchtbar die Kämpfer vom IS Schukri folterten, bevor er starb. Sie stachen wie die Wilden mit ihren Messern auf ihn ein, bevor sie ihn mindestens zehnmal in den Kopf und die Brust schossen. Dann schleiften sie ihn fort und begruben ihn an einer sandigen Stelle.

Die Polizei rief mich, um Schukris Leichnam zu identifizieren. Als ich eintraf, hatten sie ihn schon aus seinem flachen Grab herausgezogen. Sie zeigten mir den Zettel, den der IS an sein Hemd geheftet hatte, und sagten mir: Als sie ihn fanden, zeigte Schukris rechte Hand aus dem Boden heraus zum Himmel. Das eine, was mir half, den Anblick meines geliebten Mannes zu ertragen, wie er da blutverschmiert, zerschunden und tot auf dem Boden lag, war, dass er lächelte.

5

Bagdad: Geschlagen, aber nicht besiegt

Tasyir Awad drehte sich unter der Bettdecke zur anderen Seite. Es war zwei Uhr morgens. Drei Stunden lag er jetzt im Bett und konnte immer noch nicht schlafen. *Ist heute der Tag? Werden meine Verwandten mich heute umbringen?* Der Gedanke ließ ihn nicht zur Ruhe kommen.

Seit seiner Geburt hatten sie ihn zärtlich „Tassie" genannt. Das war vorbei; jetzt war er der „Ungläubige". Was, wenn man die Sache mit ihren Augen betrachtete, ja auch stimmte. Hätte Tassie lediglich Zweifel an dem Glauben gehabt, in dem er aufgewachsen war, so wäre das noch kein Problem gewesen – solange er sie für sich behalten hätte. Zur Not hätte er sogar dem einen oder anderen guten Freund von seinen Fragen erzählen können. In der Stadt Falludscha im Irak leben zu müssen, die so hundertfünfzigprozentig islamisch, aber gleichzeitig eine absolute Hochburg der Gewalt war, war ja Grund genug, Zweifel an seiner Religion zu bekommen.

Mit seinen zweiundzwanzig Jahren hatte Tassie mehr Krieg und Tod auf den Straßen mitbekommen als der durchschnittliche Europäer im Laufe seines ganzen Lebens am Fernseher. Falludscha war ein ständiges Schlachtfeld: Saddam Hussein gegen die Schiiten, gegen die Amerikaner, gegen andere Soldaten der „Koalition". Jetzt waren es die täglichen Schießereien zwischen Al Kaida und dem IS. Ein Konflikt nach dem anderen tauchte die Stadt ständig in ein neues Blutbad. Es war das einzige Leben, das Tassie kannte oder sich vorstellen konnte.

Bis Jesus ihn besuchte.

Am Anfang von Tassies allmählicher Verwandlung in einen „Ungläubigen", der Besuche von Jesus bekam, stand seine Begegnung mit einem anderen Ungläubigen. In einem seiner letzten Jahre auf dem Gymnasium hatten die Amerikaner das Viertel des Teenagers nach Aufständischen durchkämmt. Die Aktion war ganze fünf Häuser von dem der Awads erfolgreich beendet worden, als die US-Soldaten die gesuchten muslimischen Extremisten aufspürten und töteten.

Einer der „amerikanischen Besatzerteufel", die dabei mitmachten, hatte Tassie so respektvoll und freundlich behandelt, dass er dem jungen Mann im Gedächtnis blieb. Nur ein paar Tage später lief er „Joe America", wie er ihn nannte, wieder über den Weg. Der Amerikaner hatte nicht viel Zeit für Unterhaltungen, aber er sagte Tassie, dass er für ihn und die Sicherheit seiner Familie gebetet habe.

„Deine Familie war freundlich zu uns, es sind gute Leute", hatte er gesagt. „Ich bete darum, dass der Herr des Himmels sie und dich beschützt."

Tassie war platt gewesen, als er das hörte. *Mein Feind betet für mich? Ich wüsste nicht, dass sonst jemand für mich betet, außer meiner Mutter.*

Bei dieser kurzen Begegnung gab „Joe" Tassie auch ein kleines arabisches Neues Testament. Der Junge hielt das schmale Buch zwischen Daumen und Mittelfinger, als sei es eine giftige Schlange, und presste ein „Danke" durch die Lippen.

Er hatte vor, die Bibel in den nächstbesten Abfalleimer zu werfen, sobald der Amerikaner außer Sichtweite war, aber als er sich am Abend auszog, um ins Bett zu gehen, sah er, dass er das Geschenk noch in seiner Hosentasche hatte. Er beschloss, es am Morgen wegzuwerfen, aber vorher ein bisschen darin zu lesen, um sich die Zeit zu vertreiben. Wer wusste, vielleicht stand in dem Christenbuch ja etwas zum Lachen. Er schlug die Bibel aufs Geratewohl auf. Oben auf den Seiten stand „Johannesevangelium". Der erste Satz, den er las, lautete: „Ich bin das Licht der Welt." Hoppla, was sollte das bedeuten?

In dieser Nacht begannen sie, die Träume. Tassie war in einem dunklen Zimmer. Da trat ein Mann zu ihm, der ihn mit Namen ansprach. Im gleichen Augenblick flutete Licht in das Zimmer. *„Tassie, ich bin das Licht der Welt. Ich zeige dir den Weg. Willst du mir folgen?"*

Tassie warf die Bibel nicht weg. Sie wurde sein größter Schatz. Er verschlang jedes Wort. Er *musste* herausfinden, was dieses Buch bedeutete. Und die Träume. Und was all das mit seinem Leben zu tun hatte!

Eine der Entdeckungen, die er machte, war eine Gruppe von Menschen, die Jesus nachfolgten. Sie trafen sich nachts, in einem Haus direkt neben einer Moschee. Die Gruppe hatte sogar einen Namen, den Tassie als Zeichen dafür sah, dass er auf dem richtigen Weg war. Sie nannte sich „Der Leuchtturm".

Nachdem Tassie mehrere Monate lang täglich im Neuen Testament gelesen und sich mit seinen Leuchtturm-Freunden getroffen hatte, vertraute er heimlich sein Leben Jesus an. Aber sein Geheimnis kam ans Licht, und jetzt, drei Jahre später, schien es kein Entrinnen mehr zu geben: Sein Ja zu Jesus würde schon bald bedeuten, dass er Nein zu seinem eigenen Leben sagen musste. Vielleicht schon am Morgen? War es vielleicht gar nicht mehr wichtig, ob er in dieser Nacht noch Schlaf bekam?

Er schaute wieder auf den Wecker. Es war bald drei Uhr.

Achtzig Kilometer weiter östlich konnte Layla Jabour ebenfalls nicht schlafen, dazu waren die Schmerzen an ihrer linken Gesichtshälfte zu stark. War der Wangenknochen nach den

Schlägen ihres Mannes am Abend gebrochen? Das Leben in den Straßen von Bagdad war fast unerträglich, aber im Hause Jabour war es die Hölle.

„Seit wann raucht euer Abdul?", hatte Maha, Laylas Kindheitsfreundin, sie vor Kurzem gefragt.

„Wie kommst du denn darauf?", hatte Layla geantwortet. „Er ist doch erst fünf."

„Und woher hat er dann diese Brandflecken am Arm, wie von Zigaretten?"

„Das war ein Unfall."

Sie dachte an das Gespräch zurück. Sie hatte es nicht fertiggebracht, selbst ihrer besten Freundin den wirklichen Grund für die Verbrennungen zu nennen: Abduls Vater, und es war natürlich kein Unfall gewesen.

Grausam – nein, das Wort reichte nicht, um Abdullah Jabour zu beschreiben. Er war ein Mann, der seine Frau gründlicher folterte als die Wärter die Insassen im Zentralgefängnis von Bagdad. Ein Vater, dem es Spaß machte, eine brennende Zigarette in die Haut seines fünfjährigen Sohnes zu drücken. Ein Perverser, der seinen eigenen Schmerz dadurch betäubte, dass er anderen Schmerzen zufügte. Als gnadenloser Gefängniswärter im Hause Jabour „bestrafte" Abdullah seine Frau jeden Abend – einfach, weil es sie gab.

Fünfundzwanzig Jahre älter als sie, hatte er Layla geheiratet, nachdem er von 1980 bis 1988 ein treuer Diener Saddam Husseins im Krieg gegen den Iran gewesen war. Mittlerweile sechzig Jahre alt, kämpfte der gnadenlose Veteran weiter; jetzt war es der Krieg gegen die Verzweiflung, und seine Waffe waren die starken Schmerzmittel, die ihm dank einer schweren Verwundung bei dem „ruhmreichen Sieg" über den Iran für den Rest seines Lebens zustanden.

Doch selbst wenn Layla Abdullah nicht geheiratet hätte,

wäre das Leben im Irak ein Albtraum gewesen. Solange sie sich zurückerinnern konnte, war das Blutvergießen auf den Straßen die Norm gewesen. Kaum an die Macht gekommen, hatte Saddam Hussein eine Kultur der Angst geschaffen, die die Iraker lähmte. Dann kam der neun Jahre lange Krieg gegen den Iran, der mit einer Million Toten endete. Danach fielen Tausende Kurden im Nordirak einem von Saddam sanktionierten Völkermord zum Opfer. Es kam zum ersten Golfkrieg, ein paar Jahre später folgte der zweite. Und jetzt tobte in den Straßen Bagdads täglich der Krieg zwischen Schiiten und Sunniten, ein Wettkampf der Grausamkeiten und Gräueltaten. Was würde von Bagdad übrig sein, wenn er vorbei war? Ein Trümmerfeld?

In der Arena der Stadt waren Sunniten und Schiiten die Gladiatoren. Im Jabourschen Hause war Layla die Prügelsklavin, deren Leiden mit jedem Erfolg der Schiiten auf den Straßen Bagdads wuchsen. Abdullah hasste sowohl die schiitische Politik als auch Premierminister Nuri al-Maliki, aber auslassen tat er diesen Hass an Laylas zartem Körper. Sein krankes Hirn glaubte, dass alles, was er im „Großen Krieg" gegen den Iran mitgemacht hatte, umsonst gewesen war, und sehnte sich allen Ernstes nach den Tagen Saddam Husseins zurück.

Das immer gleiche Elend der Abende ließ Layla jede Hoffnung verlieren. Jeden Abend zwang Abdullah sie, sich zu ihm zu setzen und seinen politischen „Vorträgen" zu lauschen, und jeden Abend gärte und steigerte sich sein Groll, bis die Übernahme des Irak durch die Schiiten *ihre* Schuld war. Doch der letzte Abend war der bisher schlimmste gewesen. Wieder hatte Abdullah das Kind zur Zielscheibe seiner Wut gemacht, und diesmal hatte es Layla gereicht. Sie hatte ihrem Mann angeboten, anstelle des Jungen sie zu schlagen.

„Abdul ist erst fünf, Abdullah, und kann kaum sprechen. Er macht Geräusche wie ein Tier, weil du ihn wie ein Tier behandelst. Schlag *mich*. Töte mich von mir aus, aber bitte lass Abdul in Ruhe!"

Und Abdullah hatte das Angebot angenommen, mit dem Ergebnis, dass Layla Jabour, als sie ins Bett ging, auf einem Ohr taub war. Der Schlag, der ihr womöglich den Wangenknochen gebrochen hatte, hatte sie zu Boden gehen lassen, worauf Abdullah seine Raserei damit beendet hatte, dass er seiner Frau eine Eisenstange ins rechte Ohr rammte. Sie hatte gespürt, wie das Trommelfell riss, und hörte seitdem rechts nichts mehr.

Der einzige Lichtblick bei den Jabours war, dass Layla und ihr Mann in getrennten Zimmern schliefen. Nach dem Gewaltausbruch des vergangenen Abends hatte Abdullah sich auf sein Bett fallen lassen, und jetzt lag Layla alleine in ihrem dunklen Zimmer auf dem Bett. Sie schloss die Augen, die Verzweiflung in ihrem Herzen zu tief zum Weinen oder Schlafen, und begann, leise in die Dunkelheit hineinzusprechen.

„Gott, wo bist du? Wo bist du? Jeden Abend bitte ich dich, mich zu retten. Machst du die Ohren zu, weil ich eine Frau bin? Erhörst du meine Gebete deswegen nicht?"

Sie brach ab und schlug die Augen wieder auf. Mehrere Minuten lauschte sie auf Abdullahs schweres Atmen, das aus seinem Zimmer kam. Das Wimmern aus Abduls Zimmer hatte vor über einer Stunde endlich aufgehört. Layla starrte zur Decke hoch und in ihrem Hinterkopf bildete sich ein neuer Gedanke.

„Nein, Gott", flüsterte sie, „ich will dir eine andere Frage stellen. Vielleicht habe ich bisher immer die falsche gestellt. Warte …"

Sie hielt inne. Komisch, sie hatte den Eindruck, dass sie ihren ganzen Mut zusammennehmen musste für das, was sie jetzt sagen würde. Sie hörte Abdullah schnarchen. Sie hob beide Hände vors Gesicht, bis sie auf ihren Augen lagen.

„Gott, *wer* bist du? Vielleicht habe ich die ganzen Jahre zu dem falschen Gott gebetet. Schweigst du vielleicht deswegen?"

Sie ließ die Hände zurück auf die Bettdecke fallen und starrte in die Schwärze hinein. „Hilf mir! Ich rufe zu dir! Abdul und ich können diesen furchtbaren Mann nicht verlassen, wir würden auf den Straßen Bagdads verhungern. *Wer* ... bist ... du?"

Als Layla die letzten drei Worte geflüstert hatte, überwältigte sie die Erschöpfung. Ihre Zwiesprache mit der Dunkelheit wurde abrupt vom Schlaf abgelöst. Aber dann, mitten in der Nacht ...

„Layla! Ich bin Jesus. Ich bin jetzt hier, ich werde dich und Abdul verteidigen. Die Tage deines Weinens werden bald vorbei sein."

Mehr sagte der Mann nicht, dann war er wieder weg. Aber Layla sollte diesen Traum nie mehr vergessen.

„Wir haben deinen Tod bereits bekannt gegeben, Taysir. Du musst gehen."

Gegen fünf Uhr war Tassie endlich eingeschlafen. Jetzt saß er am Frühstückstisch, seinem Vater gegenüber, und versuchte, dessen Worte einzuordnen. Awad Senior saß hoch aufgerichtet da, die linke Hand flach auf dem Tisch, neben seiner Kaffeetasse. Seine Augen wurden schmaler.

„Tassie, mein Sohn, verlass' Falludscha. Bitte." Wut und Trauer kämpften in der Stimme. „Und du kannst niemals zurückkommen, oder wir werden noch *alle* umgebracht. Ich stimme nicht mit dir und dieser anderen Religion überein, an die du jetzt glaubst, aber ich weiß bald nicht einmal mehr, was ich von *unserer* Religion halten soll. Doch eines ist mir klar: Wenn du hierbleibst, bedeutet das den Tod." Seine Augen suchten einen Punkt, den sie fixieren konnten. „Und das heute noch."

Tassie betrachtete das sorgenvolle Gesicht seines Vaters wie durch einen dicken Vorhang hindurch. Seine Gefühle schienen weit weg zu sein.

Maher Awad ballte die Hand auf dem Tisch zur Faust und starrte sie an. Dann sagte er: „Es kann sein, dass wir dich nie wiedersehen. Und jetzt geh, bevor unsere Verwandten kommen, um deine Hinrichtung zu feiern."

Die beiden Männer saßen schweigend da; jeder wich dem Blick des anderen aus. Mehrere Minuten vergingen. Dann erhob Tassie sich abrupt und sagte leise: *„Schukran*[8], Vater."

Er ging ins Wohnzimmer nebenan. Als er eintrat, erhoben sich seine Mutter, sein Bruder und seine beiden Schwestern ernst von ihren Plätzen. Tassie umarmte seine Mutter, dann den Bruder und die Schwestern. Dann drehte er sich zu seinem Vater hin, der ihm ins Zimmer gefolgt war, und machte die Andeutung einer Verneigung. *„Schukran*, Vater. *Schukran.*"

Die Gefühle kamen zurück und Tränen rannen über Tassies Wangen. Als er an seinem Vater vorbei zurück in die Küche ging, berührte er kurz seine Schultern. *„Schukran*", wiederholte er leise, während er die Hintertür öffnete und nach draußen ging.

Fünf Minuten und einen halben Häuserblock weiter hatte Tassie einen Plan gefasst. Er würde dorthin gehen, wo er am

---

[8] *Danke.*

besten verschwinden konnte. Er hob die Hand und hielt ein Taxi an.

„Nach Bagdad, bitte. Zur Umm-al-Qura-Moschee."

Zwei Stunden lang ergoss sich ein Strom aus Wunden, Wahrheit, Wut und neuer Hoffnung aus Laylas Seele. Bei einer Tasse Tee saß die gebrochene Frau im Wohnzimmer ihrer besten Freundin und erzählte Maha den wahren Grund für die Brandwunden an Abduls Arm und warum er so oft Blutergüsse hatte oder hinkte oder schmerzlich das Gesicht verzog, wenn man ihn anfasste. Sie schilderte die Hölle der „politischen" Abende ihres Mannes. Aber ihr Monolog kam ins Stocken, als sie zu dem seltsamen Traum kam, den sie in der letzten Nacht gehabt hatte.

„Ich bin froh, dass du dir endlich ein Herz gefasst und das alles rausgelassen hast, Layla." Maha legte ihre Hand behutsam auf den Arm ihrer Freundin. „Aber ich habe den Eindruck, dass du mir noch mehr sagen willst."

Layla fuhr mit dem rechten Zeigefinger aufseufzend über den Rand ihrer Teetasse. „Ja, doch." Sie sah Maha an, halb lächelnd. „In der letzten Nacht hab ich eine Offenbarung erlebt."

Maha lehnte sich auf dem Sofa zurück. „Eine Offenbarung?"

„Ja, so nennt man das wohl. Aber jetzt habe ich dir schon so viel gesagt, da kann ich das auch noch erzählen." Sie hielt inne. „Letzte Nacht, als ich geträumt habe …, ist Jesus mir erschienen."

„Jesus?"

„Ja. Der Prophet – oder wie immer ich ihn nennen soll."

„Ich verstehe." Maha stand auf, ging mit zwei Schritten in die Mitte des Raumes, drehte sich um und schaute ihre Freundin auf dem Sofa an. „Das ist ja ein Ding. Dann bin *ich* jetzt wohl an der Reihe mit Erzählen."

Sie begann, langsam hin- und herzugehen. „Ich habe dich nie angelogen, Layla. Aber ich habe dir auch nicht alles erzählt, was in meinem Leben passiert ist. Wie du, habe auch ich meine Geheimnisse gehabt. Ich habe Angst gehabt, dir das, was mir das Wichtigste ist, zu erzählen, weil ich nicht wusste, wie du es aufnehmen würdest."

Layla musste grinsen. „Also, nach dieser Einleitung *musst* du's mir erzählen."

„Ja, sicher." Maha nickte. „Also, Layla: Ich folge Jesus nach." Sie ließ die Worte einwirken. „Der Rest meiner Familie auch. Wir sind alle Nachfolger von Jesus. Christen."

Laylas Lippen öffneten sich verblüfft. Maha blieb stehen.

„Auch dein Vater?", fragte Layla.

Maha nickte.

„Aber das geht doch nicht, der ist doch ein *Imam.*"

„Er *war* ein Imam, Layla. Heute gehört er ganz Jesus." Maha trat zurück zum Sofa und setzte sich neben ihre überraschte Freundin. „Layla, es gibt viele wie uns in Bagdad, aber wir gehen damit natürlich nicht hausieren. Du weißt ja, diese Stadt ist der Brennpunkt des Krieges zwischen Sunniten und Schiiten, aber beide Parteien würden sich die Köpfe darüber einschlagen, wer uns als Ungläubige zuerst umbringen dürfte. Layla, die Menschen im Irak haben die Religion satt, vor allem in Bagdad. Aber es gibt einen anderen Weg."

„Davon musst du mir mehr erzählen."

„Dann musst du heute Abend mit mir mitkommen. Unsere Gruppe trifft sich um ein Uhr. Du kannst dich aus dem Haus schleichen und mitkommen. Abdullah wird um diese Zeit fest schlafen; Abdul wird also in Sicherheit sein."

„Heute Abend? Ist das dein Ernst?"

„Layla, du *musst* mitkommen."

Die keine fünf Kilometer vom Westufer des Tigris gelegene Umm-al-Qura-Moschee ist ein Denkmal für den Größenwahn Saddam Husseins. Während Falludscha am Euphrat sich rühmt, die Stadt der Moscheen zu sein, steht die Mutter aller Moscheen in Bagdad, der nach Kairo zweitgrößten arabischen Stadt der Welt. Saddam Hussein wollte mit dem monströsen Bauwerk seinen „Sieg" gegen den Iran verewigen. Die vier äußeren Minarette, die sich gut vierzig Meter über einem künstlichen See erheben, sind den Läufen von Kalaschnikows nachempfunden, während das eigentliche Gebäude von vier etwas niedrigeren Minaretten bewacht wird, die in ihrer Form Scud-Raketen ähneln.

Doch noch bizarrer als die Moschee selbst ist das Kunstobjekt, für das sie als martialischer Schrein dienen sollte. Als Saddam noch lebte, zog eine einzigartige Ausführung des Korans Besucherschlangen an. Der Diktator selbst hatte diese Ausgabe des heiligen Buches in Auftrag gegeben und es angeblich mit seinem eigenen Blut anfertigen lassen. Schon damals gingen die Meinungen darüber auseinander, und heute wird es nicht mehr gezeigt. Aber sein Andenken wird für immer mit der Moschee verbunden sein, in der es einst ausgestellt war.

Mit dem Taxi aus Falludscha an der Moschee angekommen, mischte Tassie sich unter die Menschenmenge. Gerüchteweise hatte er gehört, dass es hier noch andere „Ungläubige" wie ihn gab. Am frühen Nachmittag hatte er die Gewissheit, dass das stimmte. Der Christ, mit dem er sprach, glaubte ihm die Geschichte seiner Bekehrung und Flucht sofort; offenbar waren Fälle wie seiner nichts Besonderes. Der Mann lud Tassie in eine heimliche Versammlung von Christen ein und bot ihm sogar an, dort sein Glaubenszeugnis und das, was Gott ihm sonst noch aufs Herz legte, weiterzugeben. Hocherfreut über die Möglichkeit, so schnell über die Freude seines neuen

Glaubens sprechen zu können, nahm Tassie das Angebot ohne zu zögern an.

Eine Stunde nach Mitternacht drängten sich zwanzig Personen im Keller eines Hauses, das in Sichtweite der martialischen Umm-al-Qura-Minarette lag, und ebenso viele Augenpaare hießen den Neuen erwartungsvoll willkommen.

„Ich bin wirklich dankbar, dass ich heute Abend zu euch sprechen kann." Tassie holte ein zerlesenes kleines Neues Testament aus seiner Gesäßtasche und schlug es vorsichtig auf; drei Jahre intensives tägliches Lesen hatten ihre Spuren hinterlassen. „Der Herr hat es mir aufs Herz gelegt, dass wir uns heute Abend das Gebet anschauen sollen, das Jesus am Abend vor seinem Tod für seine Jünger sprach. Wer eine Bibel hat, schlage bitte Johannes 17 auf."

Der junge Prediger las den Abschnitt mit bewegter Stimme vor und schloss nahtlos eine sehr persönliche Predigt an. Während er sprach, fiel ihm eine der Frauen in der kleinen Versammlung auf. Er spürte förmlich die Schmerzen in ihrem grün und blau geschwollenen Gesicht. Ihr Kopf war zur Seite geneigt, wohl damit sie ihn besser hören konnte.

„Jesus war bereit, für uns zu sterben. Wir müssen das Gleiche für ihn tun. Hier in Bagdad leben wir nicht weit vom antiken Babylon." Tassie ließ seinen Blick über die Gesichter schweifen. „Wusstet ihr schon, dass nach Jerusalem Babylon die am meisten erwähnte Stadt in der Bibel ist?"

Mehrere nickten; ein paar schüttelten den Kopf.

„Babylon steht in der Bibel meistens für den Aufstand gegen Gott. Ja, so kann man auch berühmt werden." Tassie kicherte. „Vom Turmbau zu Babel im 1. Buch Mose bis zur Johannesoffenbarung, dem letzten Buch der Bibel, ist Babylon das Aushängeschild des *Heidentums.*

Jesus hat uns dazu berufen, in dieser gottlosen Stadt zu leben. Und jetzt schaut euch an, was er in Johannes 17 sagt: ‚Mögen sie eins sein, so wie ich und der Vater eins sind.‘"

Layla Jabour starrte Tassie mit offenem Mund an, wie hypnotisiert von diesem Mann aus Falludscha.

„Jeder von euch hier ist ein Wunder. Ich bin sicher, ihr habt Jesus nicht gesucht in eurem Leben." Er zuckte die Achseln. „Ich auch nicht. *Er* ist *mir* nachgegangen, und er hat viele Menschen gebraucht, um mich zu sich zu ziehen. Selbst einen amerikanischen Soldaten, der für mich einer von diesen dreckigen Besatzern war. In diesem Mann sah ich Jesus!

Dass Jesus uns alle gefunden hat, ist das reinste Wunder; das wissen wir alle. Aber wir haben einen dringenden Auftrag, und um ihn zu erfüllen, müssen wir eins bleiben; anders können wir nicht überleben."

Maha hob die Hand. „Was ist unser Auftrag?"

„Bagdad zeigen, wer Jesus ist", erwiderte Tassie fest. Er erläuterte, welche Gefahren mit diesem Auftrag verbunden waren. Und der Lohn. Er beendete seine Predigt mit einem kurzen Bericht, was Gott in den letzten drei Jahren in seinem Leben getan hatte.

Nach Tassies Ansprache teilten die Anwesenden sich zum Beten in Zweiergruppen auf. Maha und Layla setzten sich in einer Ecke des Raumes hin. Layla spürte, wie ihre Freundin lautlos betete. Mehrere Minuten ging das so.

Als Maha den Kopf hob, sagte Layla: „Noch nie in meinem Leben haben die Worte eines Menschen mich so gepackt. Ich musste weinen, als ich Tassie zuhörte. Und was er da aus der Bibel vorgelesen hat – jedes Wort ist mir durchs Herz gegangen! Ich muss etwas unternehmen, ich muss …" Sie verstummte.

„Layla, Jesus sieht in dein Herz. Er weiß bereits, dass du ihn liebst."

Layla sah sie überrascht an. Maha war noch nicht fertig. „Deine Tränen sind wie flüssige Worte", fuhr sie fort. „Er hört diese Worte klar und deutlich; er weiß, dass du ihn brauchst."

Die nächsten drei Nächte schlich Layla sich wieder aus dem Haus, um mit Maha in die Versammlung zu gehen und Tassie zuzuhören. In der dritten Nacht, während der Gebetszeit, legte sie die Hände um Mahas Hände und sagte: „Ich bin bereit, Jesus nachzufolgen."

Layla zog ihre Sandalen aus und ging auf Zehenspitzen durch die Hintertür ins Haus. Es war kurz vor Sonnenaufgang. Diese Nacht war noch schöner gewesen als alle vorherigen zusammen. Sie konnte nicht aufhören zu lächeln, und fühlte sich wie auf Wolken, als sie sich auszog und ins Bett stieg. Jetzt gehörte ihr Leben dem wunderbaren Mann aus ihren Träumen. Ihr Herz war so hell wie die Wüste in der Mittagssonne, trotz der Finsternis, die nach wie vor wie eine schwarze Decke auf ihrem Alltagsleben lastete.

Am nächsten Abend schlug Abdullah sie grün und blau. Und am übernächsten.

„Das hier ist nicht für Abdul, Layla, das ist für dich! Rumtreiberin! Wo bist du gewesen? Bei einem anderen Mann? Eigentlich sollte ich dich totschlagen!" Die immer noch starken Hände des alternden Exsoldaten quetschten Laylas rechten Unterarm, bis sie Angst hatte, dass er brechen würde.

„Abdullah, bitte! Es ist nicht das, was du denkst. Es ist … aber das verstehst du nicht." Sie drückte mit der linken Hand auf die Fingerschraubzwinge um ihren Arm.

„Raus mit der Sprache!", brüllte Abdullah und stieß seine Frau gegen die Küchenwand.

Sie begann stockend, ihre Geschichte zu erzählen. Ihr Mann, der zum Küchenherd rannte, hörte in seiner Raserei nur das Wort „Traum". Layla stand gegen die Wand gelehnt, ihr Rücken zu Abdullah, und berichtete schluchzend, wie sie sich in Jesus verliebt hatte. Als sie das zweite Mal den Namen „Jesus" nannte, riss Abdullah einen gusseisernen Topf von dem Herd und knallte ihn gegen Laylas Hinterkopf. Sie sackte bewusstlos zu Boden.

Die ganze nächste Woche ging Abdullahs Brutalität weiter. Er drohte Layla, Abdul zu töten, falls sie versuchen würde, den Jungen zu bekehren, und sie wusste: Er meinte es ernst. Dann nahm er ihr ihr Handy ab und schwor ihr, sie und den Jungen zur Strecke zu bringen und zu töten, falls sie es wagen sollten, ihn zu verlassen.

Am Morgen des achten Tages ihres neuen Lebens beschloss Layla, Hilfe zu suchen. Am vorigen Abend hatte Abdullah seine Wut wieder an ihrem Sohn ausgelassen. Wenigstens ihr Kind musste sie schützen. Und so rannte sie, während Abdullah auf der Arbeit war und der Junge schlief, die paar Straßen zu Mahas Haus. *Maha kann mir helfen,* dachte sie. *Und sie wird es niemand weitersagen, was ich zu Hause durchmache.*

Da war das Haus. Sie verlangsamte schwer atmend ihren Schritt. Aber was waren das für Leute, die da auf Plastikstühlen vor der Tür saßen? Sie ging langsam zu ihnen. Sie glaubte, ein Dutzend von Mahas Onkeln, Cousins und anderen entfernteren Verwandten wiederzuerkennen.

Einer der Vettern stand auf. „Layla?"

„Ja, ich bin Layla. Eine Freundin von Maha." Sie hatte den Eindruck, bei irgendetwas zu stören. „Entschuldigung, störe ich? Feiern Sie gerade Geburtstag oder so?"

„Dann haben Sie das noch nicht gehört? Ich dachte gerade, Sie sind vielleicht deswegen gekommen."

„Was soll ich nicht gehört haben?" Layla wurde es mulmig; sie musterte die ernsten Gesichter, die sie ansahen. „Wo ist Maha?" Ihre Stimme wurde lauter, fast schrie sie die Frage.

Der Cousin blinzelte kurz. „Da drinnen." Seine Stimme war ohne jede Regung. Er zeigte auf das Haus und bedeutete Layla, ihm zu folgen.

Als er die Haustür öffnete, roch Layla es. Blut.

„Maha, ihr Mann und ihre Kinder sind zum Tod verurteilt worden, wegen Übertritt zum Christentum. Das Urteil ist gestern Abend vollstreckt worden." In der fast emotionslosen Stimme schwang eine Spur Befriedigung.

Vom Eingangsflur aus konnte Layla ins Wohnzimmer sehen. Sie begann zu zittern, ihre eine Hand fuhr an ihren Mund. Sie würgte. Ein Mal, zwei Mal.

Überall an den Wänden getrocknete Blutflecken. Ganze Handabdrücke, ebenfalls aus Blut. Auf dem Fußboden, säuberlich nach ihrer Größe angeordnet, lagen fünf übel zugerichtete Leichen. Die zweitgrößte war die von Laylas bester Freundin; sie war schwer gefoltert worden. Layla war in einen Albtraum getreten.

Die Stimme neben ihr dozierte: „Sie hatten unseren ruhmreichen Glauben verlassen! Sie mögen das gerade schrecklich finden, aber vergessen Sie nicht: Die haben dieses Gericht selber über sich gebracht."

Layla drehte sich abrupt um und rannte zurück nach draußen, verfolgt von der Stimme des Vetters, die ihr hinterherrief: „Sie hatten es verdient!"

Sie rannte zwei Häuserblocks weit, bevor sie an einer Mauer zu Boden sank. *Und ich dachte, noch schlimmer kann es nicht werden …*

Sie lehnte den Kopf an die Ziegel hinter ihr und begann zu schluchzen. Zum Glück war gerade niemand in der Nähe.

Wohl fünf Minuten lang ließ sie ihrem Elend freien Lauf. Als die Tränen aufhörten, blieb sie weiter sitzen, stumm und reglos. Mehrere weitere Minuten vergingen, dann kam ihr ein Wort in den Sinn – ein Name: *Tassie.* Vielleicht konnte er ihr helfen. Oder, was vielleicht noch dringender war: Vielleicht konnte sie ihm helfen.

Ein rascher Fünfzehn-Minuten-Marsch brachte sie zur Umm-al-Qura-Moschee. Wie sie gehofft hatte, war der eifrige junge Prediger dort. Er stand für sich am Rande des Sees, im Schatten eines der Kalaschnikow-Minarette.

„Tassie! Du musst hier weg!"

Die abrupte Begrüßung ließ ihn zusammenfahren.

Layla fuhr fort: „Ich weiß, dass Gott dich hierhergeschickt hat. Und dass du eine zweite Chance bekommen hast, als deine Familie beschloss, den Ehrenmord an dir nicht durchzuführen. Aber du bist – *wir* sind – noch nicht außer Gefahr!"

„Ja, sicher, Layla, ich weiß, dass wir …"

Sie unterbrach ihn. „Du weißt das noch nicht, oder?" Sie holte tief Luft. „Gestern Abend haben sie Maha und ihre Familie ermordet. Sie haben sie wie Tiere abgeschlachtet, Tassie! Ich habe die Leichen gesehen, es war furchtbar!"

„Gott, sei uns gnädig! Layla!" Mit aufgerissenen Augen packte Tassie ihre Arme.

Sie fuhr fort: „Ich bin sicher, dass die Fundamentalisten auch über dich Bescheid wissen, Tassie. Sie haben Maha und ihre Familie furchtbar gefoltert. Was, wenn einer von ihnen den Mördern von unserer Gemeinde erzählt hat? Die haben bestimmt schon deinen Namen!"

Tassie hob beruhigend die Hand. „Layla, noch jemand anderes hat meinen Namen. Jesus hat ihn in das Buch des Lebens geschrieben. Sollen sie ruhig kommen; ich bin bereit, zu sterben. Aber eines musst du wissen: Diese Mörder werden die Wahrheit hören. Bevor sie mich umbringen, werde ich ihnen die Chance geben, dem Licht nachzufolgen."

Über die Schulter ihres Freundes nahm Layla eine Bewegung am Sockel des Minaretts hinter ihm wahr. Islamische Geistliche. Mehrere. Sie kamen auf die beiden zu. Tassie sah, wie Laylas Augen sich mit Tränen füllten, und drehte sich um. Während er die Geistlichen erwartete, sprang sie ins Sonnenlicht und mischte sich unter die Menschen, die zur Straße gingen.

Das Abendessen kam und ging, ohne dass Abdullah seinen nächsten Ausbruch hatte. Er erging sich nicht in politischen Tiraden und sprach kaum zu Layla.

Weiß er das mit Maha und ihrer Familie? Abdullahs merkwürdige Passivität war Layla nicht geheuer. *Doch, sicher weiß er das. Solche Nachrichten verbreiten sich wie ein Lauffeuer. Führt er schon was im Schilde gegen Abdul und mich?*

Der ungewöhnliche Abend endete damit, dass Abdullah früh ins Bett ging und Layla keine neuen blauen Flecken hatte. Sie küsste Abdul auf die Stirn und brachte ihn ins Bett. Auch er schien in dieser Nacht nichts zu befürchten zu haben.

Sie schaute zu, wie ihre Hände das Geschirr spülten, während sie über die Ereignisse des Tages nachgrübelte. Auch wenn sie heute Abend keine Schläge bekommen hatte – ihr Herz war zerbrochen. An einem einzigen schrecklichen Tag hatte sie ihre beste Freundin und Vertraute verloren – und eine liebe Schwester in Christus. Und wie mochte es Tassie ergangen sein, nachdem sie ihn an der Moschee allein gelassen hatte? *Lebt er noch? Wird er gerade von den Imamen gefoltert?*

Die Fragen und die gruseligen Bilder von Maha und ihrer Familie gingen ihr immer noch durch den Kopf, als sie versuchte einzuschlafen. Zwei Stunden lang starrte sie in die Dunkelheit hinaus und lauschte auf die Geräusche aus den Zimmern ihres Sohnes und ihres Mannes. Dann kam endlich der Schlaf zu ihr – und mit ihm ein Besucher.

„Layla! Dies ist die Nacht, in der du und Abdul fliehen müsst!" Sie wusste sofort, dass sie der Stimme gehorchen musste. *„Geht nach Jordanien; dort habe ich Menschen, die euch erwarten. Fahrt direkt nach Amman."*

Sie wachte auf, die Stimme noch im Ohr. Sie raffte so viele irakische Dinare zusammen, wie sie in Abdullahs diversen Verstecken im Haus finden konnte, dann hob sie vorsichtig Abdul aus seinem Bett und trug das schlafende Kind nach unten und zur Haustür hinaus. Gleich an der nächsten Straßenecke sah sie ein Taxi, das dort stand, als ob es auf sie wartete. Sie staunte.

„Wie nah zur jordanischen Grenze können Sie mich fahren?"

Der Fahrer zuckte die Achseln. „Wie viel Geld haben Sie?"

Sie bot ihm eine Summe. Der Mann war damit zufrieden, und fünf eintönige Stunden später standen Layla und Abdul in der Schlange vor dem Grenzübergang Al-Karama. Es folgten noch einmal fünf Wartestunden.

Der Grenzbeamte machte es kurz, als sie an seinen Schalter kamen. „Aus welchem Grund wollen Sie Jordanien besuchen?" Er schaute gelangweilt zu Abdul hin. „Und warum weint Ihr Sohn? Ist er krank?"

„Ja." Layla machte ihre Schultern gerade und ihre Stimme fester. „Er braucht ärztliche Hilfe, und wir brauchen eine Pause von dem Chaos in Bagdad. Und ein paar Freunde besuchen möchte ich auch."

„Hmm … gut." Der Beamte reichte Layla ihren Pass zurück. „Willkommen in Jordanien, Frau Jabour."

Ich danke dem Herrn, dass ich noch lebe. Seit er mich aus dem Irak geführt hat, sind meine Elendstage vorbei und ich spüre ständig seine Freude.

Doch der Feind wütet weiter im Irak. Mahas Familie ist mir nach wie vor ein Vorbild des Mutes. Wie ich hörte, wurden ihr Vater (der ehemalige Imam) und ihre Mutter nach Mahas Tod mehrere Tage gefangen gehalten, bevor auch sie den Märtyrertod erlitten.

Da ich nichts anderes von Tassie gehört habe, glaube ich, dass er noch lebt, was dann wohl bedeutet, dass er weiter Menschen in der Moschee anspricht und in Versammlungen predigt. Er war sich seiner Berufung sehr gewiss und ich schätze, er wird ihr buchstäblich bis zu seinem Tod folgen.

Als Abdullah herausfand, dass ich in Jordanien in Sicherheit bin, schwor er, zu kommen und mich zurückzuholen in die Folterkammer, die unser Haus für mich geworden war. Bis jetzt hat er die Drohung nicht wahr gemacht.

Mein lieber Abdul hat so viel mitgemacht, dass er jetzt in Therapie ist. Er macht Fortschritte. Die Wunden, die sich so tief in seine Seele hineingefressen hatten, machten ihn in der ersten Zeit in Amman sehr aggressiv. Er versuchte, seine Verletzungen zu betäuben, indem er andere verletzte – ähnlich wie sein Vater. Doch inzwischen kann er mit anderen Kindern spielen, ohne sie zu schlagen.

Pastor Sahar, der mit Flüchtlingen aus dem Irak und Syrien arbeitet, sagte mir: Als er Abdul das erste Mal sah, kam er ihm mehr wie ein Tier als wie ein Mensch vor. Aber der Herr Jesus ist dabei, ihn zu heilen. Inzwischen betet Abdul sogar laut zu Jesus. Manchmal zu laut, und dann muss ich aufpassen, dass unsere muslimischen Nachbarn das nicht mitbekommen.

Durch all die Probleme meines Lebens hindurch – die Kriege auf der Straße und die Kriege zu Hause – habe ich etwas von Jesus gelernt, das mein ganzes Leben prägt: Seine Macht ist stärker; sie lässt sich nicht stoppen. Mögen Völker Kriege gegeneinander führen und der IS von der Weltherrschaft träumen, mag das Böse „gut" und das Gute „böse" genannt werden – die stärkste Kraft im Universum ist Jesus. Der Tag wird kommen, wo er über alle Völker herrscht. Er wird die Regierungen und religiösen Obrigkeiten, die die Menschen in Angst und Schrecken gehalten haben, richten. Sie werden sich vor ihm verantworten müssen.

Dass Jesus der Richter sein wird, gehört zu meiner Hoffnung als Christin. Die Brutalität und Ungerechtigkeit, die ich erlebt habe, schreien nach Vergeltung. In diesem Leben werden nur wenige ihrem Richter zugeführt werden, doch Jesus wird einmal dafür sorgen, dass allen, die gelitten haben, Gerechtigkeit geschieht.

Doch ein anderer Aspekt meiner Hoffnung ist bereits hier und jetzt sehr real. Wieder und wieder erlebe ich, wie Jesus sich zu den Leidenden, Verzweifelten und Vergessenen neigt, wenn sie zu ihm schreien. Ich selber bin ein gutes Beispiel dafür. Jesus kam zu mir, als ich ganz einfach fragte: „Gott, *wer* bist du?" Ich habe heute noch von Zeit zu Zeit Träume von ihm. Er weiß, dass ich weiter seine Hilfe und Ermutigung brauche.

Seine Liebe zu mir hilft mir, andere zu lieben. Er hat mich dazu berufen, unter den syrischen Flüchtlingen in Jordanien zu arbeiten. Es ist keine leichte Arbeit, und um Kraft dafür zu schöpfen, habe ich die Bibel darauf durchforstet, was sie mir über Jesus zeigt. Ich lerne Bibelstellen auswendig, und jedes Mal, wenn ich sie lese, dringen mir die Worte neu ins Herz hinein.

Die Arbeit mit den syrischen Flüchtlingen ist sehr anstrengend, aber ich kann ihren Schmerz verstehen, weil ich selber gelitten habe. Mein Leiden war nicht umsonst.

Wenn Frauen aus Syrien mich zu sich einladen, um mir von ihrer Not zu erzählen, ist mir, als ob ich auf heiligem Boden stehe. Und ich spüre, wie Jesus dabei ist, wie er sieht, berührt und heilt. Ich selber bin ja der beste Beweis dafür. Beten Sie für uns, die wir Jesus unter den syrischen Flüchtlingen dienen! Und beten Sie für eine liebe Schwester im Herrn, die ich hier kennengelernt habe und die vielen hilft. Sie und ich beten jeden Tag zusammen. Sie kennen sie schon; sie ist ein Flüchtling aus Syrien und heißt Dori.

6

Bodyguard in Saudi-Arabien

Mit seinen über 800 Metern ist der Burdsch Chalifa in Dubai 300 Meter höher als Amerikas neuester und höchster Megawolkenkratzer, das One World Trade Center in New York. Der Höhenunterschied zwischen Erdgeschoss und Spitze ist so groß, dass die Außentemperatur um bis zu 10 Grad Celsius variieren kann. Das Gebäude krönt eine Stadt, die noch in den 1980er-Jahren fast unbekannt war, die es heute aber als Reiseziel mit Orten wie New York, Tokio, London und Paris aufnehmen kann.

Die wie wild wachsende Stadt Dubai ähnelt in meinen Augen einem Teenager, der mit aller Kraft seine Kindheit hinter sich lassen und die Anerkennung der Gleichaltrigen gewinnen will. Die „Kindheit" begann im Jahre 630, als islamische Invasoren die Arabischen Emirate eroberten. Deren Scheichs hatten den von Mohammed persönlich gesandten Truppen nichts entgegenzusetzen. Vor die Wahl zwischen Tod und Unterwerfung gestellt, nahmen die Menschen die neue Religion an.

Unter der muslimischen Herrschaft geschah nichts Weltbewegendes in den neun Emiraten im Osten der Arabischen Halbinsel. Als 1892 die Briten das Gebiet übernahmen, lag die Macht der Scheichs im Dämmerschlaf; noch war er nicht da, der Geist aus den Ölbohrlöchern, der sie auf die Weltbühne rufen würde. 1971 wurden die Emirate von Großbritannien in die Unabhängigkeit entlassen. Pläne, alle neun Emirate zu einem Staat zu vereinigen, scheiterten, da Bahrain und Katar die Eigenständigkeit vorzogen; die übrigen sieben schlossen sich zu den Vereinigten Arabischen Emiraten zusammen.

Die Unabhängigkeit der Emirate kam gerade rechtzeitig, um die Chancen zu ergreifen, die sich durch den riesigen Erdölreichtum boten. Heute ist die Wirtschaft der Vereinigten Arabischen Emirate nach Saudi-Arabien die zweitgrößte in der arabischen Welt, und trotz ihrer geringen Fläche – sie sind zusammen nur etwa doppelt so groß wie die Schweiz – verfügen sie über die weltweit siebtgrößten Rohölvorkommen.

Das Öl wurde zum Motor der Fantasie und des Unternehmergeistes reicher Araber, die entschlossen waren, die Emirate zu einem Magneten für die Welt zu machen. Und für den Tourismus. So entstanden die Palm Islands – zwei künstliche Inselgruppen, die von oben wie eine von einem kreisförmigen Rahmen umgebene gigantische Palme mit Stamm und Wedeln aussehen. Mit aus dem Persischen Golf aufgeschüttetem Sand geschaffen, beherbergt dieser Kunstarchipel Luxusvillen, Spitzenrestaurants, elegante Einkaufszentren und über hundert Hotels. Aus aller Welt – nicht zuletzt aus den weniger verwöhnten Teilen der *arabischen* Welt – strömen die Touristen nach Dubai.

Doch eine Besucherin, Mina Karim, war an diesem Wochenende nicht nach Dubai an den Jumeirah Beach gekommen, um sich die Sehenswürdigkeiten anzuschauen. Sie wollte tanzen und trinken, und sie hatte dazu eine Lokalität gefunden, die höchsten Ansprüchen genügte, aber preiswerter war als der höchste Nachtklub der Welt im 143. Stock des Burdsch Chalifa. Der fünf Kilometer von den Palm Islands an der Küste gelegene Nachtklub Alibi war gerade das Richtige.

„Was in Dubai geschieht, *bleibt* in Dubai. Klar, lieber Cousin?" Sie schob augenzwinkernd ihren rechten Arm unter den linken ihres Begleiters.

„Wie immer." Hakeem erwiderte das Zwinkern und führte seine attraktive dunkeläugige Cousine auf den Tanzboden.

Mina Karim hasste den Niqab, aber ihn abzulegen traute sie sich nur in Dubai. Zu Hause in Saudi-Arabien war die Verschleierung die einzige Option für sie, wie für jede andere „gut muslimische" Frau. Hier im „Alibi" konnte sie ungeniert ihre nackte Taille zeigen, aber sie hatte immer noch mehr an als die meisten anderen Frauen – und viel mehr als die beiden barbusigen Statuen, die zu beiden Seiten der Tonkabine aus der Wand hervorsprangen.

Der Discjockey Jack bot arabischen Technorock und eigene Gesangseinlagen, die das Chaos der auf dem Tanzparkett wirbelnden coolen jungen Leute komplett machten. Mina genoss im Las Vegas des Nahen Ostens die elektrisierende Freiheit vom strengen Glauben ihrer Eltern. Sie empfand ihre Verwandten in den Emiraten als ein Geschenk des Himmels. Ihre Eltern hatten nichts dagegen, dass sie Verwandte besuchte, die in Dubais Nobelhotelbranche arbeiteten, denn diese Verwandten waren doch gute Muslime, die schon auf ihre Tochter aufpassen würden … Mina ließ sie gerne in diesem Glauben. Doch heute Abend war ihr einziger Schutz vor der elterlichen Entdeckung ein Deckname; sie war nicht Mina aus Saudi-Arabien, sondern Sonja aus Spanien.

„Hakeem!", schrie sie durch den Lärm. „Wie kommt es, dass Dubai zu den Emiraten gehört, die doch strikt islamisch sind, und dass hier trotzdem alles geht?" Sie schlang ihre Arme um den Hals ihres Cousins und zog sich näher an sein rechtes Ohr. „Ich versteh das nicht. Warum müssen die Saudis immer noch so zugeknöpft sein?"

„Cousinchen, sei nicht so naiv." Hakeems Mundwinkel gingen nach oben. „Natürlich geht so was auch in unserem geliebten Saudi-Arabien, aber halt nur hinter verschlossenen Türen." Er lachte. „Verriegelten und verrammelten Türen."

Mina warf den Kopf zurück und prustete vor Lachen. Sie

und Hakeem hatten die große Eröffnung des Alibi um ein paar Tage verpasst, aber auch jetzt bot der Klub genug, um ihre sinnliche Abenteuerlust zu stillen.

Über neunhundert Kilometer westlich von Dubai feierte jemand anderes – Rafia Abbar. Es war eine wesentlich zahmere Party, wie sie für die Bewohner Riads, der Hauptstadt Saudi-Arabiens, typisch war. Es würde weder Tanz noch Alkohol geben, aber das arabische Buffet, das die Verwandten und Freunde erwartete, die sich in dem Haus drängten, war mehr als reichlich.

Professor Abbar und ihre Verwandtschaft waren zusammengekommen, um ihre Beförderung an der nach Muhammad ibn Saud benannten Islamischen Universität zu feiern. Der Lehrstuhl für „Islamwissenschaften für Frauen" brachte beides: mehr Prestige und mehr Gehalt. Einmal mehr hatte sich Rafias Spezialgebiet – die Scharia für Frauen – als Karrieremotor erwiesen. An diesem Abend hätte die Hochschullehrerin ganz bestimmt keine Zeit, sich zu fragen, was eine ihrer Studentinnen bei einem Besuch in den Vereinigten Emiraten dort so trieb.

Der Bezug zur Islamischen Universität war so ziemlich das Einzige, was Rafia und Mina gemeinsam hatten; ansonsten waren sie so verschieden wie Mekka und Dubai. Rafias großes Lebensziel war es, den Koran zu lehren, die *Sunna*[9] vorzuleben und aus jungen Musliminnen Vorbilder für die Anwendung der Scharia zu machen, als Ansporn für andere Musliminnen.

Mina dagegen hoffte, eines Tages in Dubai leben zu können, um dort im Tourismus zu arbeiten und das Leben in vollen Zügen zu genießen. Die Regeln und Gebote des Islam empfand sie als Betonklotz am Bein. Sie war eine Expertin

---

[9] Die praktische Anwendung der Lehren des Korans im täglichen Leben.

darin geworden, ihre Eltern glauben zu machen, dass sie eine fromme Muslimin war. Oder vielleicht doch nicht? Warum hatten ihre Eltern sie an der Islamischen Universität angemeldet? Hatten sie doch Verdacht geschöpft und fanden, dass ein anständiges Studium ihrer Tochter guttun würde?

Mina hatte die Semesterferien kaum erwarten können. Und selbst in der großen Freiheit in Dubai konnte sie die Erinnerung an die peinliche Szene, die sie vor Kurzem im Seminar erlebt hatte, nicht ganz abschütteln.

Zur Halbzeit ihres ersten Semesters hatte Mina Mühe gehabt, auch nur so zu tun, als ob das Studium sie interessierte. Ihre Noten sackten immer weiter ab, während gleichzeitig die Anforderungen stetig stiegen. Professor Abbar war drauf und dran, Mina alles zu verderben.

„Mina!" Sie spürte, dass es der Professorin Spaß machte, die Schwäche ihre Studentin bloßzustellen. „Stehen Sie auf und sagen Sie die Koranstellen auf, die Sie auswendig gelernt haben!"

Mina erhob sich zögernd. Sie hatte sich ihre Hausaufgaben nicht einmal angeschaut, geschweige denn etwas auswendig gelernt. „Ich … mir ging es gestern Abend nicht gut, Frau Professor. Ich war krank. Bis morgen hole ich das nach." Beide Frauen wussten natürlich, dass das eine Lüge war.

„Mina! Ich habe Sie nicht aufgefordert, die nächste Ausrede zu bringen! Dass Sie in Ausreden gut sind, haben Sie bereits zur Genüge bewiesen."

Ein Kichern ging durch die Stuhlreihen.

„Ich ertrage Sie jeden Tag, aber wenn Sie den Koran auswendig lernen wollen, müssen Sie schon Ihre Hausaufgaben machen! Um eine *hafiza*[10] zu werden, braucht es Disziplin, und

---

[10] Frau, die den gesamten Koran auswendig kann. Bei Männern lautet das Wort *hafiz*.

das ist eine Eigenschaft, die Sie anscheinend nicht besitzen." Sie hatte ihre Studentin mehrere Sekunden stumm fixiert, um den peinlichen Augenblick in die Länge zu ziehen. „Setzen Sie sich!"

In der folgenden Nacht hatte Mina wach gelegen und dem gleichmäßigen Atmen ihrer Zimmergenossin gelauscht. *Wie gut die immer schläft.* Diese Frau, mit der sie da das Zimmer teilen musste – mochte sie die? Wohl eher nicht. *Und sie macht immer ihre Hausaufgaben.*

Minas Gedanken waren weitergewandert, zu dem Elend ihres Studentendaseins. Wie konnte sie je den Koran auswendig lernen, wenn es solche Schwerarbeit war, ihn auch nur zu lesen? Sie hasste dieses Buch. Und sie sehnte sich danach, nach Dubai zu entfliehen, auch wenn es nur vorübergehend wäre.

Als die letzten Gäste endlich gingen, waren Rafia und ihr Mann todmüde. Ismail neben ihr schlief bereits, als die Professorin mit dem Lesen ihrer Suren fertig war und ihn sachte auf die Stirn küsste. Sie knipste die Nachttischlampe aus.

Sie schloss die Augen. Jetzt schlafen … Doch stattdessen musste sie plötzlich an ihre schwächste Studentin denken. Obwohl Mina offensichtlich stinkfaul war, mochte Rafia sie. Rafia musste kichern, als sie an Minas Ausreden für ihre nicht erledigten Hausarbeiten dachte. *Eines Tages wird ihr vielleicht aufgehen, worum es geht, und wer weiß, vielleicht wird sie dann selber eine große Lehrerin.* Sie lächelte. *Ja, eines Tages …*

„Jesus!" Der Klang ihrer eigenen Stimme ließ Rafia hochschrecken und sich aufsetzen.

Ihr Mann öffnete müde ein Auge. *„Was* hast du da gerufen? *Jesus?"*

„Ich weiß nicht, was das gerade war, Ismail. Ich habe geträumt. Da war ein Mann in einem weißen Gewand, der mich gerufen hat. Er hieß …" Rafia merkte, dass sie mit sich selbst sprach. Ismail schlief schon wieder.

Sie legte sich wieder hin. Doch kaum war sie eingeschlafen, war der Mann in Weiß wieder da.

„Rafia, ich liebe dich. Ich bin Jesus."

Eine Woche später war Rafia ihr Traum von Jesus immer noch ein Rätsel, aber jetzt, da sie wieder unterrichten musste, hatte sie nicht viel Zeit, über ihn nachzudenken.

„Professor Abbar, ich habe meine Hausaufgaben erledigt."

Auf dem Rückflug von Dubai nach Riad hatte Mina ihre Koranlektion durchgelesen. Allerdings nicht nur ihrer Professorin zuliebe, sondern auch, um sich bewusst abzukoppeln von der Partystimmung, in der sie in Dubai gelebt hatte, und sich seelisch auf die Rückkehr in den grauen Alltag zu Hause einzustimmen. Nun ja, und ein wenig auch, weil sie den Eindruck hatte, dass es ihr Ansehen unter den anderen Passagieren hob, wenn sie im Koran las.

Mina stand auf und rezitierte ihre Suren, aber nicht so reibungslos, wie sie vorgehabt hatte. Professor Abbar hatte erwartet, dass sie Fehler machen würde, und ihre Studentin erfüllte diese Erwartung. Aber sie sah auch, dass sie sich diesmal wirklich Mühe gegeben hatte, und so fiel ihr Tadel milder aus als sonst.

„Sie müssen sich noch ein bisschen mehr Mühe geben, Mina. Denken Sie daran: Sie lernen den Koran nicht auswendig, um Ihren Abschluss zu kriegen, sondern damit er Ihnen ein Licht auf Ihrem Lebensweg ist. Dies ist Ihr *Lebensfundament.*" Die Professorin hielt inne und ließ ihren Blick durch den Seminarraum schweifen. Sie registrierte mit Genugtuung die respektvollen Gesichter der anderen Studentinnen, dann sah sie wieder Mina an und fuhr leise fort: „Mina, wenn Sie nach dem Seminar ein paar Minuten Zeit haben, kann ich Ihnen helfen."

Mina stand mit offenem Mund da. Es war das erste Mal seit Beginn ihres Studiums, dass diese Professorin nett zu ihr war. „Danke, Frau Professor", stammelte sie. „Ich bleibe gerne noch etwas hier. Gerne. Und … danke."

Rafia lächelte sie an. „Keine Ursache, ich helfe Ihnen gern."

Eine Viertelstunde später saßen Mina und ihre Professorin allein im Seminarraum und wieder waren die Worte ihrer Dozentin für Mina eine angenehme Überraschung.

„Mina, Sie haben als Studentin großes Potenzial. Ich bin in diesem Semester streng zu Ihnen gewesen; Ihre Entmutigung beweist das. Ich möchte, dass Sie wissen: Sie sind mein persönliches Projekt." Die Professorin faltete die Hände im Schoß und sah Mina an. „Ich bin bereit, Sie für den Rest des Studienjahres an die Hand zu nehmen." Sie klopfte sich mit der rechten Hand auf die Brust. „Ob Sie es glauben oder nicht, ich war einmal so ähnlich wie Sie jetzt. Richtig angefangen zu arbeiten habe ich erst in meinem zweiten Studienjahr." Rafia schüttelte den Kopf. „Aber mit Ihren Noten können Sie es sich nicht leisten, so lange zu warten."

„Ich … weiß nicht, was ich sagen soll, Frau Professor. Ich dachte, Sie mögen mich nicht. Ich … danke." Mina schaute auf den Fußboden, dann sah sie wieder Rafia an. „Wären Sie bereit, für den ganzen Rest meines Studiums mit mir zu arbeiten?"

Rafia nickte. „Das wäre ich gerne, Mina, aber nach diesem Studienjahr fliege ich nach Australien. Ich habe ein Stipendium für ein Master-Studium in Frauenforschung an der Universität von Sydney bekommen. Ich werde ein ganzes Jahr lang dort sein."

„Das klingt ja wunderbar. Was für eine Ehre!"

„Ja, danke, Mina. Es ist eine einzigartige Gelegenheit. Mein Mann findet sogar, dass ich unsere Tochter mitnehmen sollte. Wir haben ein sehr gutes Verhältnis, Noureen und ich. Sie könnte es kaum ertragen, dass ich so lange weg bin, und ich würde sie auch sehr vermissen." Rafia strich sich mit den Händen über die Knie und stand auf. „Also, Mina, ein paar Monate haben wir, in denen ich Ihnen zeigen kann, wie Sie den Koran besser auswendig lernen können – und, was noch wichtiger ist, wie man als fromme Muslimin für Allah lebt. Sind Sie bereit, Ihr Bestes zu geben?"

Mina stand ebenfalls auf. „Ja, das bin ich!"

Sechs Monate später stiegen Rafia und Noureen Abbar am King Khalid International Airport in Riad in die Maschine, die sie in fünfzehn Stunden nach Sydney bringen würde. Ihre Sitznachbarin hatte es sich bereits am Fenster bequem gemacht.

„Ich bin Emma." Die Frau – sie war keine Araberin – lächelte. „Und wie heißen Sie?"

„Ich bin Rafia. Rafia Abbar, und dies ist meine Tochter, Noureen."

„Noureen, wie alt bist du?"

Das Mädchen sah zu seiner Mutter hoch. „Sie ist zehn", sagte Rafia.

„Sind Sie beide aus Saudi-Arabien? Ihre Kopfschleier sind so schön, da dachte ich, Sie sind vielleicht von hier."

„Ja, wir sind von hier. Wir sind Saudis." Rafia schätzte, dass die gesprächige Dame aus den USA kam.

„Ich bin hier am Airport nur umgestiegen, mehr lag nicht drin. Dabei wollte ich immer schon so gerne Saudi-Arabien besuchen. Ich liebe den Nahen Osten!"

Rafia, die gerade Noureen beim Anschnallen half, nickte.

„Ich finde, die meisten Muslime werden von den anderen Menschen missverstanden. Unsere großen Fernsehnachrichtensender CNN, Fox News und so weiter, Sie wissen schon." Rafia zuckte leicht zusammen, als Emma die Hand auf ihren linken Arm legte. „Ich bete schon seit Jahren für die Muslime."

Rafia legte den Kopf schräg und beäugte die mitteilsame Nachbarin. „Und warum beten Sie für uns?"

Ein paar Sekunden schien Emma über die Frage nachzudenken, dann antwortete sie: „Also, wenn Sie so fragen … Ich habe den Eindruck, Gott will die Muslime erreichen. Mit seiner Gegenwart ehren. Ich höre immer wieder von Muslimen, die Träume von Jesus haben. Ich meine, nicht die Art Träume, die man hat, wenn man sich den Magen verdorben hat oder so, sondern richtige Visionen von Jesus. Aufrichtige Muslime fragen dann anschließend Menschen, die Jesus nachfolgen, was sie bedeuten. Ist das nicht toll?"

Rafia fühlte, wie ihr Puls schneller ging. Dann unterbrachen die üblichen Sicherheitshinweise des Bordpersonals das Gespräch und sie nickte einfach.

Zehn Minuten nach dem Start war Noureen eingeschlafen. Emma sah, wie ihre Nachbarin mehrere Minuten die Rückenlehne des Sitzes vor ihr anstarrte. Dann drehte sie sich plötzlich zu Emma und sagte: „Ich habe auch solche Jesus-Träume."

Emmas Augen wurden weit.

„Seit ungefähr sechs Monaten schon."

Emma antwortete nichts, aber betete stumm zu Gott, ihr die richtigen Worte zu geben. Kurz bevor die Stille peinlich zu werden begann, sagte sie: „Das ist bestimmt kein Zufall,

Rafia – ich meine, dass Sie und ich uns hier in diesem Flugzeug begegnen. Ich glaube, der Herr Jesus möchte, dass Sie erkennen, wie sehr er Sie liebt."

„Wir Muslime glauben an Jesus – oder *Isa*, wie der Koran ihn nennt. Er war ein großer Prophet, ich weiß."

„Rafia, Jesus war ein Prophet, und er war ein Priester. Aber was Sie vielleicht nicht wissen, ist, dass er noch viel mehr war. Darf ich Ihnen mehr über ihn erzählen? Er ist auch der König aller Könige."

Ein Jahr danach stiegen Rafia und Noureen morgens in die Maschine der Emirate, eine Boeing 777, die sie von Sydney zurück nach Riad bringen würde. Jetzt hatte Rafia in ihrem Lebenslauf auch einen Master in Frauenforschung zu bieten. Die beiden Abbars konnten es nicht erwarten, ihre Verwandten wiederzusehen, mit denen sie in den letzten zwölf Monaten nur über Skype in Kontakt gewesen waren. Mutter und Tochter hatten jetzt etwas Neues gemeinsam: ihre Liebe zu Jesus.

Rafia lehnte sich auf ihrem Sitz zurück. Sie konnte nur staunen über ihr Leben. *Eine Scharia-Professorin folgt jetzt Jesus nach. Was wird das noch geben? In kaum einem anderen Land ist es so gefährlich, Christ zu werden, wie in meinem.* Doch in Rafias Sorge mischte sich ein Lächeln, als sie an den anderen Flug zurückdachte, der der Anfang einer wunderbaren inneren Reise gewesen war, die sie und Noureen gerade hinter sich hatten.

Vor einem Jahr, auf dem Hinflug, hatte Rafia Abbar Emma Rylee von ihren Träumen erzählt. Worauf die beiden Frauen sich fast die ganzen fünfzehn Stunden unterhalten hatten. Emmas Glaube war absolut echt und lebendig; eine solche Leidenschaft in Sachen „Religion" hatte Rafia noch bei niemandem erlebt – noch nicht einmal bei den Imamen. Nacheinander hatte sie Emma jede ihrer fünf nächtlichen Begegnungen mit Jesus geschildert. In Emma hatte die Professorin aus Riad endlich einen Menschen gefunden, der ihr die vielen Fragen beantworten konnte, die sie nach diesen Träumen hatte.

Sie hatte es sofort geglaubt, als Emma ihr sagte, dass Gott sie in diesem Flugzeug zusammengeführt hatte. Auch Emma hatte vor, an der Universität Sydney zu studieren; die beiden würden also Studienkolleginnen sein!

In Australien hatte sich Jesus Rafia weiter in Träumen gezeigt, und sie hatte nach Emmas Rat angefangen, die Bibel zu lesen. Sie *musste* die Wahrheit über diesen Jesus erfahren! Professor Abbar hatte das gesamte Neue Testament durchgelesen. Worauf sie es gleich noch einmal lesen musste. Und noch einmal.

Sie erinnerte sich noch an jenen Morgen, als sie die Stelle in Matthäus 16 las, wo Petrus Jesus als den *Messias* bekennt. Aber was sie am meisten packte, waren nicht diese Worte des Petrus, sondern das, was Jesus ein paar Verse weiter sagt: „Denn was gewinnt ein Mensch, wenn ihm die ganze Welt zufällt, er selbst aber dabei Schaden nimmt? Er kann sein Leben ja nicht wieder zurückkaufen!" (Matthäus 16,26)

Als sie das las, ging ihr die ganze Tiefe des Grabens zwischen Islam und Christentum auf. Ein Muslim kann nie wissen, ob er in den Himmel kommen wird oder nicht. Selbst Mohammed wusste nicht, was nach dem Tod auf ihn wartete. Aber Rafia wollte es wissen! Sie wollte ihre Seele nicht für alle Ewigkeit verlieren!

An dem Morgen, kurz nachdem Rafia diese Stelle im Matthäusevangelium gelesen hatte, hatte Emma sie angerufen, um die Scharia-Professorin zu einer Bibelstunde einzuladen.

Die Einladung war ebenso beängstigend wie unwiderstehlich gewesen. Bevor sie hinging, betete Rafia mit Noureen.

„Okay, Jesus, ich weiß, dass du mehr bist als ein Prophet, aber bitte gib mir ein Zeichen. Du hast ja gesagt: ‚Bittet, dann wird euch gegeben.' Und jetzt bitte ich also, Jesus. Ich will an dich glauben. Zeige mir, wie ich das anstellen kann."

Kaum war Rafia durch die Tür des Versammlungsraums gegangen, als zwei Frauen mit Kopftüchern mit einem lauten *„Habibti!"*[11] auf sie zustürzten, um sie zu umarmen.

Was? Sind hier noch andere Muslime, die die Bibel studieren wollen? Und dann noch Araberinnen – aus Saudi-Arabien, wie sich herausstellte! Die Begrüßung hatte Rafias Hoffnung, inkognito zu bleiben, zunichtegemacht. Aber das war noch nicht alles. Als ein junger Mann sich erhob, um den Bibelabschnitt vorzulesen, der das Thema dieser Bibelstunde war, war sie platt gewesen: „Denn was gewinnt ein Mensch, wenn ihm die ganze Welt zufällt, er selbst aber dabei Schaden nimmt? Er kann sein Leben ja nicht wieder zurückkaufen!"

Rafia hatte Jesus um ein Zeichen gebeten, und er hatte ihr gleich zwei gegeben. Erstens die muslimischen Frauen in der Bibelstunde, die nicht nur aus Saudi-Arabien kamen, sondern sogar aus Riad. Und zweitens hatte der Leiter des Bibelkreises, Jeremy, eben die Bibelstelle vorgelesen, mit der sie am Morgen gekämpft hatte. Diese Worte von Jesus hatten ihr Herz gepackt. Sie wusste ohne jeden Zweifel, dass nichts in diesem irdischen Leben so wichtig sein konnte wie die Ewigkeit. Und plötzlich war ihr auch klar geworden, dass es nur einen gab, der ihr das ewige Heil geben konnte, und das war Jesus.

An diesem Tag hatten Mutter und Tochter beide ihr Leben Jesus anvertraut. Und jetzt, wo sie im Flugzeug zurück nach

---

[11] „Meine Liebe!" (Herzliche Begrüßung zwischen muslimischen Frauen.)

Saudi-Arabien saßen, wussten sie, dass sie ihm damit wirklich *alles* gegeben hatten. Bevor sie in die Maschine gestiegen waren, hatten Samia und Jala, die beiden Christinnen aus Riad, für ihre Rückreise gebetet, und Samia hatte das Gebet mit den folgenden inhaltsschweren Worten beendet: „Herr, wir wissen, du möchtest, dass wir bereit sind, für dich zu sterben. Jetzt fliegt Rafia zurück nach Hause und wir wissen nicht, was sie dort erwartet. In Saudi-Arabien sind wir wie einst die Christen in Thessalonich, die deine Botschaft mitten in großen Leiden entgegennahmen."

Rafia und Noureen machten es sich für den langen Flug bequem. Als die Maschine abhob, öffnete Rafia ihre Bibel. Sie schlug 1. Thessalonicher 1,4 auf und las: „Wir wissen, liebe Brüder und Schwestern, dass Gott euch liebt und auserwählt hat."

Sie dachte nach. *Soll ich meiner Familie sofort sagen, dass ich jetzt Christin bin? Soll ich es Ismail sagen? Ein besonders konsequenter Muslim ist er nicht, aber das könnte der Funke sein, der seine Leidenschaft für den Islam entfacht.* Sie schaute durch das Fenster. Die Welt unten wurde immer kleiner. *Ich muss stärker werden.* Sie nahm sich vor, sobald wie möglich in die Untergrundgemeinde zu gehen, von der Samia und Jala ihr erzählt hatten. *Ich muss bereit sein, bevor ich meiner Familie das sage. Es kann mir den Tod bringen.*

Sie beugte sich zu ihrer Tochter und strich ihr über ihr weiches schwarzes Haar. „Nouri, wir werden den Menschen zu Hause das mit Jesus nicht sofort sagen. Es soll eine Überraschung sein, wenn der richtige Augenblick da ist. Okay, Schatz?"

„Okay, Mama." Noureen schmiegte den Kopf an ihre Mutter.

Eine Woche später ließ Professor Abbar das Mittagessen aus und begab sich, von den anderen unbemerkt, in ein Haus direkt neben dem Universitätscampus. Dort traf sich um 12 Uhr eine Gruppe, die sich „Der Weg" nannte. Sie betrat das Gebäude.

„Professor Abbar?"

Wer kannte da ihren Namen? Rafia drehte sich erschrocken in die Richtung, aus der die Stimme kam. Im Laufe des letzten Jahres hatte sie eine Überraschung nach der anderen erlebt, aber nichts hatte sie auf die vorbereitet, die sie jetzt erleben sollte.

„Kennen Sie mich noch? Ich bin Mina."

Rafia stand der Mund offen. „Ob ich Sie noch kenne? Aber natürlich! Mina, was machen Sie denn hier?"

„Also, das könnte ich Sie auch fragen, Frau Professor Abbar."

Rafia streckte ihrer ehemaligen Studentin die Hände entgegen. „Mina, sind Sie hier, weil …"

„Weil ich Jesus liebe? Ja!" Mina fasste nach den Händen der Professorin. „Das ist genau der Grund, warum ich hier bin." Die beiden Frauen umarmten sich. „Als Sie weg waren, habe ich erst aufgehört, mich für Religion zu interessieren. Aber dann habe ich ein paar Leute aus dem ‚Weg' kennengelernt und …" Sie sah Rafia an. „Haben Sie schon von Muslimen gehört, die Träume von Jesus haben?"

„Doch, ja." Rafia lächelte.

Mina schaute kurz zur Seite, dann sah sie wieder ihre ehemalige Dozentin an. „Es fängt gleich an, Frau Professor. Darf ich mich zu Ihnen setzen?"

„Aber gerne! Aber hier in diesen Versammlungen, Mina, bin ich einfach Rafia, und wir sagen ‚du' zueinander. Geht das in Ordnung?"

„Okay."

Die beiden Frauen schoben sich zwischen den vielleicht dreißig Personen durch, die bereits im Raum saßen, fanden zwei freie Plätze und setzten sich ebenfalls. Zu Rafias Überraschung stand Mina gleich wieder auf und begann, zu den Versammelten zu sprechen. „Ich muss euch etwas mitteilen." Mina machte einen selbstbewussten Eindruck, wie sie da vor den anderen stand. „Mein Vater ist Fundamentalist geworden. Er war schon früher ein praktizierender Muslim gewesen, aber seit sein Bruder für die Geheimpolizei arbeitet, ist er ein anderer Mann geworden. Er hat auch angefangen, mir Fragen zu stellen." Sie kicherte. „Er sagt, ich sehe irgendwie anders aus, was ja vollkommen richtig ist, denn jetzt wohnt ja der Heilige Geist in mir!"

Begeisterter Applaus.

Mina gebot mit einer Handbewegung Ruhe. „Leider scheint er Verdacht zu schöpfen, deshalb ein kleiner Hinweis, bevor ich weiterrede: Falls während unserer Stunde hier mein Telefon klingeln sollte und es ist mein Vater, werde ich wie der Blitz rausrennen und den Anruf draußen entgegennehmen. Wenn er merkt, dass ich die Bibel lese und zu Jesus bete, bringt er mich um, ohne mit der Wimper zu zucken. Er würde uns alle hier auf der Stelle umbringen lassen, wenn er wüsste, was wir hier machen."

Mina holte tief Luft und schaute in die Runde. „Wir sind die neue Gemeinde in Thessalonich und Jesus hat uns dazu berufen, für ihn zu leiden."

Die Bibelstunde endete Punkt 13 Uhr mit Gebet. Die Gruppe – meist Studenten, dazu einige wenige Dozenten – zerstreute sich rasch.

Rafia und Mina schlenderten zusammen zurück zum Campus. Minas Ton war ernster als während der Bibelstunde.

„Rafia, jeden Tag, wenn ich nach Hause komme, fragt mein Vater mich aus, mit Fragen über den Koran. Es kommt sogar vor, dass er in mein Religionsseminar reinschaut, um zu sehen, ob ich da bin. Ich tue dann so, als ob ich ihn nicht sehe.

Ehrlich gesagt, manchmal bin ich kurz davor, den Mut zu verlieren. Sich dauernd beobachtet fühlen, das ist echt stressig. Aber ich kann Jesus nur immer wieder danken für den ‚Weg‘! Oh, Rafia, der Glaube, den wir haben, und wie wir die Worte von Jesus lesen und uns dann gegenseitig Mut machen, diese Wahrheit zu leben – ich möchte nicht mehr darauf verzichten!“ Sie nahm den Arm ihrer neuen Freundin. „Ich brauche diese Gemeinschaft und die anderen, damit ich der Berufung treu bleibe, in die Jesus uns gestellt hat.“

Rafia nickte.

Mina fuhr fort: „Ich liebe es, Jesus nachzufolgen, Rafia. Mein Leben war so leer. Ich dachte, meine Urlaube in Dubai seien die große Freiheit, aber das war ein sinnloses Leben. Partys und Disco, das ist eine Sackgasse. Ich schäme mich für das Leben, das ich führte, bevor Jesus mir echte Freiheit gab. Vergebung – das ist wahre Freiheit!“

Rafia nickte wieder und die beiden Frauen gingen schweigend weiter. Als sie zu der Ecke kamen, wo ihre Wege sich trennten, blieb Mina stehen und sah die Professorin fest an. „Ich habe keine Angst, Rafia. Hast du Angst?“

„Nein, eigentlich nicht.“

Mina nickte. „Ich wünsche dir ein schönes Wochenende.“

Rafia beschloss, den „Weg“ diskret in ihr Wochenprogramm einzubauen. Die Gruppe traf sich dreimal in der Woche und sie würde versuchen, an allen Treffen teilzunehmen.

Am folgenden Montag, wieder um 12 Uhr, war der Raum noch voller als sonst; mehrere neue Besucher quetschten sich unter die anderen, die auf dem Fußboden saßen. Aber wo war Mina? Rafia sah sofort, dass sie fehlte.

Kareem eröffnete die Stunde mit einer Mitteilung. Seine Stimme war ernst. „Wir haben seit Freitag keinen Kontakt mehr zu Mina. Ich habe mehrere Male versucht, sie anzurufen, aber ich kriege nur ihren Anrufbeantworter. Ein paar von uns haben beraten. Wir befürchten, dass ihr Onkel sie entführt hat, wenn es nicht noch etwas Schlimmeres ist."

Den ganzen Rest der Bibelstunde musste Rafia diese Nachricht verdauen. Sie war so mit ihren Gedanken beschäftigt, dass sie sich auf nichts anderes konzentrieren konnte. Doch als das Schlussgebet kam, hatte sie einen Entschluss gefasst, und am Abend, als die Familie zum Abendessen zusammen war, gab sie etwas bekannt.

Außer Ismail, Noureen und Rafia waren noch ein Onkel und seine Familie da, die zu Besuch gekommen waren. Als sie fertig gegessen hatte, stand Rafia auf und räusperte sich. Dann sah sie nacheinander ihre Familie an und sagte, langsam, klar und deutlich: „Ich liebe Jesus und ich folge jetzt *ihm*. Ich bin keine praktizierende Muslimin mehr."

Die Augenpaare, die Rafia eben noch fixiert hatten, schauten abrupt nach unten auf ihre Teller. Rafia setzte sich wieder. Das Rutschen ihres Stuhls auf dem Teppich war laut in der lähmenden Stille. Keiner sah den anderen an, noch nicht einmal Ismail seine Frau. Nur Noureen blickte zu ihrer Mutter. Sie lächelte.

Die nächsten zwei Tage sagte niemand ein Wort über das peinliche Dinner. Ismail nahm kaum Notiz von seiner Frau. Doch noch am Abend des Dinners ließ Rafia eine schlichte, aber unerhörte Geste ihres Mannes eine Gänsehaut über den Rücken laufen. Als sie zu Bett gingen, nahm er wortlos sein

Kissen, ging über den Flur ins Gästezimmer und schloss die Tür. Auch die beiden nächsten Nächte schlief er getrennt von seiner Frau, ohne ein Wort der Erklärung. Nur eines war noch normal bei Ismail: Nach wie vor kitzelte er Noureen jedes Mal, wenn sie an ihm vorbeiging. Er nahm sie sogar öfter in den Arm als früher und drückte sie fest.

Am dritten Abend beschloss Rafia, noch einmal einen Versuch zu machen, ihre junge Freundin anzurufen. Alles, was sie im Telefon hörte, war: „Hallo. Hier Mina. Sie können mir gerne eine Nachricht hinterlassen."

Als sie am nächsten Tag zum Treffen des „Weges" ging, war die Stimmung gedrückt. Kareem gab bekannt, dass Mina tot war. Ein Onkel hatte sie totgeprügelt.

Dass ihre vor Leben sprühende junge Freundin nicht mehr war, ging Rafia ans Herz. Irgendwie brachte sie die Seminare am Nachmittag hinter sich; sie hoffte, dass ihre Studenten nicht merkten, wie weggetreten sie war. Als der Nachmittag endlich vorbei war, ging sie nach Hause. Ismail hatte gesagt, dass er heute Überstunden machen musste. Sie und Noureen würden also allein im Haus sein. Der Gedanke an Minas Ermordung hatte sie fix und fertig gemacht, und kaum hatte sie Noureen gute Nacht gesagt, ging sie selbst ins Bett. Jetzt nur noch schlafen …

Kurz nach Mitternacht wurde sie halb wach. Noch nie hatte Jesus in einem ihrer Träume aus dem Koran zitiert – aber war das hier überhaupt ein Traum?

Nein, es war keiner! Da war wirklich eine Männerstimme, die Suren aus dem Koran rezitierte.

Sie schlug die Augen auf und schnappte nach Luft. Im schummerigen Licht von der Lampe im Korridor – hatte Ismail sie angeknipst, als er nach Hause kam? – sah sie die Klinge eines Messers, die ein paar Fingerbreit über ihrem Gesicht schwebte. Die Stimme beschloss eine Sure. Sie erkannte die Sure. Es war eine Gerichtssure – für sie. Dann sah sie, wie plötzlich neben dem Messer ein zweites erschien.

„Rafia! Wie konntest du?"

Jetzt erkannte Rafia die Gesichter hinter den Messern. Zwei ihrer Onkel. Vielleicht hatte Ismail doch keine Überstunden gemacht, sondern einfach beschlossen, woanders zu sein, wenn die beiden männlichen Verwandten die Ehre der Familie wiederherstellten.

„Ich liebe dich, Jesus", flüsterte Rafia. „In deine Hände lege ich meinen Geist." Rafia Abbar wehrte sich nicht. Sie spürte einen tiefen Frieden, schloss die Augen und fügte sich ins Unvermeidliche.

Mehrere Sekunden vergingen. Wo blieben sie, die Messer? Nach mehreren weiteren Sekunden öffnete Rafia die Augen wieder und sah die Klingen. Sie schwebten immer noch über ihrem Gesicht. Und sie zitterten. Sie schielte an dem Metall vorbei auf die Gesichter ihrer Scharfrichter. Komisch, vor was hatten die beiden Angst? Volle zehn Minuten standen sie wie Statuen da, die Messer in den Händen, dann, wie auf ein geheimes Kommando, steckten sie die Messer ein und verließen hastig das Schlafzimmer.

Rafia sah ihnen hinterher – und keuchte auf. Da stand, direkt neben der Tür an die Wand gelehnt, Noureen und sah sie an.

„Oh, Schatz, das tut mir ja so leid, dass du das eben miterleben musstest!" Rafia ging neben dem Bett auf die Knie und umarmte ihre Tochter, als wollte sie sie nie mehr loslassen. „Wir müssen hier weg, jetzt sofort! Wir packen ganz schnell unsere Sachen und dann gehen wir." Sie schaute dem Mädchen in die Augen. „Verstehst du das? Wir sind hier nicht mehr sicher, Nouri."

Das Mädchen nickte, merkwürdig ruhig. „Mama, ich hab gewusst, dass Opas Brüder dich nicht erdolchen würden."

Rafia hob eine Augenbraue. „Woher wusstest du das? Wie kannst du so was sagen?"

Noureen grinste. „Na, hast du nicht gesehen, wie Jesus die ganze Zeit vor dir stand? *Er* hat ihre Arme zurückgehalten. Sie haben dir nichts getan, weil sie nicht konnten. Jesus war da, Mama, er hat sie nicht gelassen."

Eine Botschaft von Rafia

Ich habe damals nicht gesehen, wie Jesus mich beschützte. Ich war bereit zu sterben.

Später hat mir Nouri erzählt, dass Jesus sie anschaute und lächelte, während meine Onkel ihre Messer an meinen Hals hielten. Jesus stand da in seinem weißen Gewand und hatte die Lage voll unter Kontrolle. Sein Lächeln zeigte Noureen, dass ihre Mama nicht in Gefahr war. Oh, mein Heiland, der mich liebt – mein himmlischer Bodyguard!

Aber eine Frage musste ich stellen: „Warum bin ich noch da und Mina musste gehen?"

Im Rückblick erkenne ich, wie der Herr mich und diese liebe junge Frau zusammengeführt hat. Bis wir Jesus begegneten, wusste ich nicht, dass unser beider Leben leer war. Mina hatte versucht, das Loch in ihrem Herzen mit wilden Partys zu stopfen; ich hatte es mit religiöser Strenge versucht. Wir beide sehnten uns nach Frieden und waren doch leer.

Aber es macht mir zu schaffen, dass Mina noch so jung war, als sie sterben musste. Auch wenn ihre Fragen und ihre mangelhafte Vorbereitung auf das Seminar mich wütend machten, liebte ich dieses Mädchen, ich konnte nicht anders. Ihre Lebenslust war ansteckend. Jetzt ist sie mit ganzen zwanzig Jahren eine Märtyrerin für Jesus geworden. Sie hat das große Vorrecht gehabt, für ihn zu sterben, und dass ich sie kennen durfte, auch wenn es nur so kurz war, ist mir eine Ehre.

Also noch einmal: Warum bin ich noch am Leben und Mina ist bereits bei Jesus? Die Antwort ist, dass wir ja *beide* am Leben sind, ja, Mina ist jetzt lebendiger als je zuvor! Dies ist das Wichtigste, was ich beim Nachdenken über ihren Tod (und über den Tod der Märtyrer überhaupt) gelernt habe. Zu oft vergessen sogar wir Christen, dass unser Glaube sich ja nicht in erster Linie auf dieses irdische Leben richtet, sondern auf das Leben nach dem Tod. Wir, die wir noch hier auf der Erde leben, sind diejenigen, die noch nicht so weit sind. Für Märtyrer wie Mina hat das eigentliche Leben schon begonnen, für uns noch nicht.

Wenn Sie in Saudi-Arabien wohnen und anfangen, Jesus nachzufolgen, haben Sie Ihr Leben verwirkt und jeder weiß das. Aber Jesus hat uns gesagt, dass der, der sein Leben für ihn (Jesus) verliert, es gewinnen wird (Matthäus 16,25). Und Paulus fordert die Christen in Thessalonich auf, in ihren Leiden standhaft zu bleiben, denn: „Ihr wisst ja selbst, dass wir als Christen leiden müssen" (1. Thessalonicher 3,3).

Die Prüfungen, die wir durchmachen, festigen unsere Identität in Christus. Sie beweisen uns, dass wir nicht mehr Kinder des Teufels sind, sondern zur Familie Gottes gehören.

Meine Universitätskarriere habe ich natürlich an den Nagel gehängt. Ich war Professorin an einer hoch angesehenen islamischen Universität und lehrte die Scharia für Frauen, aber wie, um alles in der Welt, hätte ich weiter dieses Fach lehren können? Doch wie konnte ich andererseits die Religion verlassen, die ich über viele Jahre hinweg so leidenschaftlich studiert und gelehrt hatte? Die Frage, wie ich Jesus nachfolgen sollte, bereitete mir eine Zeit lang große Bauchschmerzen.

Die Antwort war letztlich einfach. Ich entschied mich für Jesus, weil er der Einzige war, der meine leere Seele füllen konnte. Ich mochte vorher eine religiöse Eiferin gewesen sein, aber mit all meinem Suchen hatte ich Gott nicht finden und meinen tiefen Hunger nach ihm nicht stillen können. Es war meine Begegnung mit Emma Rylee, die mich innehalten und umdenken ließ. Sie hatte eine Freude, die mir völlig abging. Ihre bloße Gegenwart reichte, um mich diese Freude spüren zu lassen. Diese Freude wollte ich auch!

Was meine Verwandten betrifft, so wissen sie mittlerweile alle Bescheid über meine wunderbare Bewahrung vor den Messern meiner Onkel. Nicht, dass jemand offen darüber gesprochen hätte. Ich wohne nach wie vor getrennt von ihnen (Nouri und ich sind in ein anderes Viertel gezogen), aber bestimmt werden sie eines Tages erneut versuchen, die Familienehre wiederherzustellen. Ich bin und bleibe eine Schande für die Familie. Aber bis zu dem Tag, an dem sie mich töten, werde ich versuchen, mich so zu verhalten, wie Jesus das tun würde – ihnen zu dienen und die Gnade und Liebe Gottes vorzuleben.

Mina durfte vor mir bei Jesus sein, aber ich glaube, ich komme bald nach. Bis dahin diene ich ihm in Saudi-Arabien. Und nicht nur ich, sondern auch meine liebe Nouri. Gemeinsam sind wir gerade dabei, die beiden Briefe des Paulus an die Thessalonicher auswendig zu lernen.

Bitte beten Sie für Ihre saudi-arabischen Schwestern und Brüder im Glauben.

7

Wenn die Bruderschaft dir ein Messer an die Kehle hält

Samer Ismail stieg auf das leere Podium und ließ seinen Blick über die Menschenmenge schweifen. Er keuchte unwillkürlich auf. *So sieht das also aus, wenn eine Million Menschen auf einmal zusammen sind.* Von seinem Standort im südwestlichen Quadranten des Tahrir-Platzes sah es so aus, als ob ganz Ägypten nach Kairo gekommen wäre.

Nach Einschätzung des arabischen Nachrichtensenders Al Dschasira war dies eine der größten Demonstrationen in der neueren Geschichte, und Samer und sein bester Freund, Jussef, waren Augenzeugen dieses weltgeschichtlichen Ereignisses! Die Menge war unaufhörlich gewachsen, bis sie nicht nur den Platz füllte, sondern alle angrenzenden Straßen, Hausdächer und Balkons.

„Kannst du das glauben, dass wir hier sind?", schrie Samer Jussef zu. Der war zu ihm heraufgeklettert und sie standen jetzt fast Schulter an Schulter, aber Jussef hatte Mühe, Samer in dem allgemeinen Getöse zu verstehen.

Eine Million Ägypter rochen Blut, und das Blut gehörte Präsident Hosni Mubarak. Nach dreißig Jahren unter seiner Knute hatten die Massen ihre Stimme gefunden und die Welt hörte zu.

Vor zwei Wochen, als die Proteste begannen, hatte die „Revolution" auf dem Tahrir-Platz wie die 101. Wiederholung einer typisch ägyptischen Demonstration ausgesehen. Die Menschen rotten sich zusammen, es werden immer mehr.

Irgendwann kommt die Armee, erschießt ein paar der Rädels- führer und die Demonstration löst sich auf. Aber dann wurde es anders. Nach einer ersten harten Reaktion schien die Ar- mee unschlüssig zu werden. Samer hatte Freunde beim Mili- tär, und er hatte Gerüchte gehört, dass dort nicht alle hundert Prozent loyal zum Präsidenten standen.

Samers Finger zeigte auf den Kordon der Militärpolizei, der zwischen der Menge auf dem Platz und vier Panzern an der Ostkurve des Kreisverkehrs Stellung bezogen hatte, wo die Talaat-Harb-Street vom Platz abgeht. „Die werden bald zu uns überlaufen! Das spüre ich! Ich hab's in ihren Augen gesehen, als wir vor ein paar Stunden in der Ecke standen! Sie sympathisieren mit uns! Wie könnten sie *nicht* gegen all die Korruption sein?"

Jussef nickte und stieß seinem Freund gutmütig die Faust an die Schulter.

Die Brutalität von Mubaraks Militärapparat war per Face- book und Twitter im Nu in der ganzen Welt zu sehen gewe- sen. Eine neue Generation, eine neue Revolution. Und eine neue Technologie, die jeden Diktator an den Pranger stellte.

In einem irrationalen Mix der Kulturen war Che Guevara zur Ikone der Demonstranten geworden. Auf Tausenden von T-Shirts auf dem Tahrir-Platz war das Bild des kubanischen Revolutionärs der 1950er-Jahre zu sehen. Er war plötzlich die Symbolfigur des ägyptischen Widerstands gegen das Muba- rak-Regime. Die Folgen der „Befreiung" Kubas unter Che Guevara und Castro schien die Menge vergessen zu haben. Nur zu oft entsteht in Revolutionen durch die Mischung von Jugend und Idealismus das passende Machtvakuum, das dann zum roten Teppich für den nächsten Diktator wird. Daher beobachteten in diesen Tagen gleich mehrere potenzielle Dik- tatoren die Entwicklung der Dinge in Ägypten und warteten auf ihre Chance. Eine Eigenschaft hatten alle gemeinsam: Sie waren Mitglieder der Muslim-Bruderschaft.

„Auf diesen Augenblick haben wir unser ganzes Leben gewartet!" Samer warf die Arme hoch, einer von vielen hier auf dem Platz, die im Überschwang der Gefühle den Verstand beiseiteschoben, als störe er nur.

„Weg mit Mu-ba-rak! Nein, wir schwei-gen nicht!" Jussef hob ebenfalls die Arme und skandierte diese Worte zusammen mit Samer und den Demonstranten in der Nähe des Podiums.

Die untergehende Sonne warf immer längere Schatten auf die schreiende Menge, und als es auf dem Tahrir-Platz dunkel wurde, stiegen diverse Redner auf die Bühne und lösten Samer und Jussef ab. Bis tief in die Nacht gingen die Sprechchöre weiter.

Zwölf Stunden, nachdem sie sich den Demonstranten angeschlossen hatten, gingen Samer und Jussef mehrere Häuserblocks weit zur Qasr-al-Nil-Brücke, auf der sie den Nil überquerten. Im offeneren Gelände am anderen Ufer legten die beiden jungen Männer ihre Schlafsäcke ins Gras und ließen sich nieder, der Lärm der jetzt fast einen Kilometer entfernten Menge klang hier wie das ferne Grollen einer Meeresbrandung.

„Jussef, hast du das auch gehört, von dem Dreizehnjährigen aus meiner Stadt, den die Polizei vor ein paar Monaten auf Befehl unseres lieben Präsidenten gefoltert hat?"

Jussef Mansour drehte sich auf seinem Schlafsack zu seinem Freund hin, um kein Wort zu verpassen.

„Es war die Strafe dafür, dass der Junge ein Päckchen Tee gestohlen hatte! Die Polizisten schlugen und *vergewaltigten* ihn, dann warfen sie ihn in dem Glauben, er sei tot, an einem Bahndamm in die Büsche."

Jussef verzog angewidert das Gesicht.

„Manchmal denk ich fast, Mubarak behandelt euch Christen besser als uns Muslime", meinte Samer.

„Ich verstehe, was du meinst, Samer, aber ich glaube, die Religion der Leute ist ihm egal. Letztes Jahr flüsterte man sich in der Stadt Al-Minya zu, dass die Fundamentalisten vorhatten, mehrere koptische Kirchen anzuzünden. Wir riefen die Polizei an und erzählten ihr von den Gerüchten. Die Polizei sagte uns: ‚Wenn es Probleme gibt, rufen Sie uns an, und wir kommen.' Und sie kamen tatsächlich." Jussef schnaubte wegwerfend. „Als die letzte Kirche nur noch Schutt und Asche war. *Dann* kamen sie."

Er stützte sich auf seinen Ellbogen und fuhr fort: „Samer, du bist Muslim und ich Christ. Du bist in einem kleinen Dorf geboren, ich in Alexandria. Als wir uns an der Uni in Kairo kennenlernten, hätten wir nicht verschiedener sein können. Aber wir vertragen uns bestens. Und weißt du auch, warum?"

Samer nickte. Solche Gespräche hatten sie schon öfters gehabt.

„Weil wir beide *Ägypter* sind! Wir sind beide stolz auf unser Erbe. Dies ist das Land, wo Christen und Muslime ohne Probleme zusammenleben können. Und wenn wir Mubarak gestürzt haben, werden wir der ganzen Welt zeigen, was friedliche Koexistenz ist!"

„Worauf du dich verlassen kannst, mein Freund!" Samers Hand ging nach oben, und die beiden Freunde hoben und senkten ihre Fäuste zu einer feierlichen Siegesgeste, bevor sie sich kichernd auf den Rücken fallen ließen. Wie oft hatten sie das schon gemacht?

Sie blieben liegen, ein paar Meter von dem träge dahinfließenden Fluss entfernt. Bis auf das ferne Rumoren der Menge war es still. Nach ein paar Minuten flüsterte Samer seinem Freund aus dem Studentenwohnheim zu: „Jussef, noch was. Ich habe den Eindruck, du wirkst ansteckend auf mich." Er sah zum Nachthimmel hoch. „In der letzten Zeit hab ich so komische Träume … mit *Jesus*. Wir müssen uns mal darüber unterhalten." Er linste zu Jussef hin und gluckste. „Na ja, heute Abend wohl eher nicht."

Jussef war fest eingeschlafen.

Der morgendliche Gebetsruf vom Minarett der Omar-Mak-ram-Moschee riss die beiden Freunde aus dem Schlaf. Die zahl-losen anderen Moscheen Kairos taten es der Omar Makram gleich, und der *adha*[12] dröhnte aus allen Himmelsrichtungen.

Samer kniete sich hin und breitete seinen Gebetsteppich auf dem Gras aus. Jussef holte seine Bibel aus dem Rucksack und schloss kurz die Augen zum Gebet. Während Samer das vorgeschriebene Gebet sprach, linste er zu Jussef hin, bis die-ser die Augen wieder öffnete und in seinem heiligen Buch zu lesen begann. Samer beendete sein Ritual, setzte sich auf den Teppich und schaute über den Fluss zu dem Platz und seiner Moschee hin.

Die Omar-Makram-Moschee wurde zu Ehren eines ägyp-tischen Nationalhelden so benannt, der im Widerstand gegen die französischen Invasoren von 1798 eine führende Rolle gespielt hatte. *Das Symbol unseres uralten Kampfes gegen die Tyrannei*, dachte Samer. Er lächelte. Heute war ihm der Ge-betsruf von der Moschee lauter vorgekommen als sonst, wie ein Aufruf zum nächsten Tag des Demonstrierens für die Frei-heit.

„Heute wird die Welt uns sehen", murmelte Samer. In den

---

[12] Muslimischer Gebetsruf; Aufruf zu den vorgeschriebenen Gebetszeiten.

Zeitungen und Medien der Welt machten die Ereignisse auf dem Tahrir-Platz immer mehr Schlagzeilen. Er drehte sich zur Seite und sah, dass Jussef seine Bibel zugeklappt und auf seinen Schlafsack gelegt hatte.

„Sag mal, Jussef, wenn du Mubarak töten könntest, würdest du das machen?" Samer fragte es lauter, als er vorgehabt hatte.

Das plötzliche Wechseln seines Freundes zu politischen Themen ließ Jussef grinsen. Er schüttelte den Kopf. „So weit könnte ich nicht gehen, Samer. Ich bete um ein friedliches Ende dieser Geschichte. Und außerdem ist heute doch auf dem Tahrir-Platz der Tag der Liebe, da können wir doch nicht an Mord und Totschlag denken. Wir sind eine große Gemeinschaft. Hast du auch gesehen, wie mehrere Christen gestern beim Mittagsgebet einen Schutzwall um betende Muslime bildeten? Wie da die Menschen als Ägypter zusammenrückten, das war wunderbar zu erleben."

„Also, mir ist egal, wie der Tag heute heißt, Jussef. Ich bin einfach froh, dass die Wasserwerfer und das Tränengas weg sind und das Regime eingesehen hat, dass es mit solchen Sachen nichts gegen über eine Million Demonstranten ausrichten kann." Samer schaute lächelnd über den Fluss.

Jussef durchwühlte seinen Rucksack nach Proviant für das Frühstück. „Für mich war der verrückteste Tag in diesem ganzen Kampf der in der letzten Woche, wo die Soldaten auf Kamelen durch die Menge geprescht sind. Da wusste ich, dass Mubarak mit dem Rücken zur Wand stand! Der Striemen auf meinem Rücken, von der Peitsche, wird mich noch eine Weile daran erinnern."

„Ja, und ich spüre immer noch die Beule am Kopf, von dem Stockhieb." Samer nahm das *Labneh*[13]-Gurken-Pita-

---

[13] Frischkäse aus Joghurt.

Sandwich, das Jussef ihm hinhielt. „Wir haben Glück gehabt, dass es nicht die Kamelreiter mit *Schwertern* waren."

„Ein Muslim und sein bester Freund, der Christ ist, haben den Tahrir-Platz überlebt. Klingt wie im Film, oder?"

Samer grinste und biss in sein Frühstück.

„Bald dürfte der Film vorbei sein. Jetzt, wo die Armee sich zurückgezogen hat, kann's doch nicht mehr lange dauern."

Samer schluckte den Bissen hinunter. „Seh ich auch so. Und ich weiß auch, wie der Protest zu einem Freudenfest werden könnte: Wenn Mubarak zurücktritt, laden wir die Welt zu einer ägyptischen Party ein, wie man sie seit den Pharaonen nicht mehr gesehen hat!"

Der Tag ihrer Träume kam schneller näher, als Jussef und Samer dachten, aber zuerst mussten sie den nächsten Tag auf dem Tahrir-Platz hinter sich bringen – den Tag der Liebe.

In den nächsten vierzehn Stunden erlebten Samer und Jussef eine Menschenmenge, die von allem anderen als Liebe erfüllt war. Als gegen zehn Uhr abends der Strom ausfiel und es stockdunkel auf dem Platz wurde, brachen die letzten Dämme.

„Runter mit den Klamotten!" Die Männer warfen die schreiende junge Frau aufs Pflaster. Fünfzehn Händepaare packten ihre Kleider, rissen sie ihr ab und hielten sie auf dem Boden fest, während einer nach dem anderen die schluchzende Frau vergewaltigte. Wie in einer Kettenreaktion bildeten sich im Nu andere Gruppen von Vergewaltigern, die unter lauten *„Allahu akbar!"*-Rufen[14] jeder Frau, die sie packen konnten, die Kleider vom Leib rissen. Binnen Sekunden lagen über ein Dutzend Frauen hilflos und nackt unter Männern, die zu Tieren geworden waren.

---

[14] Arab. „Gott ist größer!"

Samer und Jussef packte das Entsetzen. Als sie aus ihrem ersten Schock erwachten, stürzten sie sich, an Haaren, Hemden und Armen reißend, in eines der Menschenknäuel, um die Männer von einem sechzehnjährigen Mädchen wegzuziehen. Einen Vergewaltiger nach dem anderen zerrten sie beiseite, bis sie den Boden des Haufens erreicht hatten, wo das mittlerweile bewusstlose Opfer lag. Sie rissen sich die eigenen Hemden vom Leib, um den Teenager notdürftig zu bedecken, und hoben sie hoch.

Während die beiden Freunde das Mädchen aus der Menschenmenge heraus in Richtung Nil trugen, kam die Polizei herangestürmt und begann, mit Stöcken auf die Vergewaltiger einzuschlagen. Mehrere muslimische Frauen kamen zu Samer und Jussef gerannt und warfen Schultertücher über das Mädchen, während die Polizei den Mob weiter zurückdrängte.

Drei Stunden danach standen Samer und Jussef, völlig erschöpft und immer noch halb benommen von dem, was sie erlebt hatten, auf der Qasr-al-Nil-Brücke und starrten ins Wasser. Erst das Handgemenge auf dem Platz, als sie mit Mühe und Not die Sechzehnjährige vor ihren Peinigern gerettet hatten, dann, nachdem sie das Mädchen in ein Krankenhaus gebracht hatten, der Verhörmarathon auf der Polizeiwache, wo sie den Vorfall meldeten. Beiden fehlten die Worte auszudrücken, was sie fühlten. Und als ob die Menge auf dem Tahrir-Platz selbst schockiert war von den Ereignissen der letzten Stunden, war es auf dem Platz stiller als in der vergangenen Nacht.

Samer machte seinem Herzen als Erster Luft. „Jussef, die haben gebrüllt: ‚Allahu akbar!‘ Geht's noch perverser?" Er kniff die Augen zusammen; Jussef hatte den Eindruck, dass er mit den Tränen kämpfte. „Dieses Mädchen – sie war völlig hilflos. Sie war aus dem gleichen Grund da wie wir – um den Sieg des Volkes zu feiern. Wie konnten die ihr das antun?!" Er sah Jussef an. „Guck dir mein Gesicht an! Die haben mich halb totgeschlagen, weil ich dem Mädchen geholfen hab. Und dich auch! Das waren Tiere! Wir können von Glück sagen, dass wir noch leben, und das Mädchen auch."

Samer schaute flussabwärts, wo das Mondlicht auf dem Wasser glänzte, und fuhr fort: „Muslimische Männer vergewaltigen ein muslimisches Mädchen! Was wird die jetzt über unsere Religion denken? Ich hoffe, diese Bestien kriegen lebenslänglich. Das ist *nicht* die Religion, die ich von meinem Vater gelernt hab."

„Ich weiß, Samer." Auch Jussef schaute auf den Fluss. „So was Furchtbares habe ich noch nie erlebt. Dies ist einer der traurigsten Tage meines Lebens. Ich kann's immer noch nicht begreifen, wie das möglich war. Und so schnell. Das war, als ob in dem Augenblick, wo die Lichter ausgingen, die Hölle ihre Dämonen losgelassen hätte." Er schaute zum Himmel hoch und murmelte: „Die ganze Welt liegt in der Gewalt des Bösen."

Mehrere Minuten starrten die beiden jungen Männer schweigend auf den Fluss, dann sagte Samer: „Jussef, weißt du, was du da gemacht hast? Du hast dein Leben für ein muslimisches Mädchen riskiert. Dass du das für ein christliches Mädchen machen würdest, das konnte ich mir vorstellen, aber ..."

„So denke ich nicht, Samer. Wenn ich einen Menschen anschaue, sehe ich nicht seine *Religion*. Ich habe heute Nacht mein Leben für einen Menschen riskiert. Dieses Mädchen ... Laila ... ist als Gottes Ebenbild erschaffen, wie wir alle. Wenn sie eine Christin wäre – ich bin sicher, du hättest trotzdem mitgeholfen, sie zu retten." Jussef schaute wieder zum Himmel hoch und fügte leise hinzu: „Ich bete darum, dass sie es schafft."

Samer begann, haltlos zu weinen; er versuchte vergeblich, sein Schluchzen zu unterdrücken.

„Komm, Samer." Jussef tippte seinem Freund auf die Schulter. „Gehn wir, dass wir noch etwas Schlaf kriegen."

Die beiden steuerten auf die Grasfläche zu, auf der sie in der vergangenen Nacht geschlafen hatten. Plötzlich grinste Jussef. „Sag mal, hast du heimlich Karate gelernt oder so was? Du warst echt gut." Er schlug seinem Freund auf die Schulter. „Aus dir wird noch was, Mann!"

Samer brachte ein Lächeln zustande. „Du warst aber auch nicht schlecht, Jussef."

Die Stimme von Vizepräsident Omar Suleiman dröhnte aus den Lautsprechern über den mittlerweile wieder hell erleuchteten Tahrir-Platz. „Nach Wochen der Proteste in Kairo und anderen Städten Ägyptens ist Hosni Mubarak als Präsident von Ägypten zurückgetreten!"

Die Hunderttausenden von Demonstranten brachen in laute Hurra-Rufe aus.

Die Stimme Suleimans, der auch Geheimdienstchef war, fuhr fort: „Im Namen Allahs, des Gnädigen und Barmherzigen: Liebe Bürger, in diesen sehr schwierigen Tagen, die Ägypten durchlebt, hat Präsident Hosni Mubarak beschlossen, sein Amt als Präsident der Republik niederzulegen, und er hat den Obersten Rat der Streitkräfte mit der Verwaltung der Angelegenheiten des Landes beauftragt. Möge Allah allen seine Hilfe schenken!"

Samer und Jussef fielen sich weinend in die Arme, die traurigen Exzesse des „Tages der Liebe" waren im Überschwang des Augenblicks vergessen. Nach nur achtzehn Protesttagen war die dreißigjährige Herrschaft Hosni Mubaraks vorbei. Ein neuer Name für den Tahrir-Platz ging durch die Menge: „Platz der Befreiung".

Die Menschenmassen skandierten: „Ägypten ist frei! Ägypten ist frei!" – „Erhebt eure Häupter, Ägypter!" – „Halbmond und Kreuz zusammen!"

Feuerwerksraketen stiegen hoch, und die Menge jubelte erneut auf, als Jets der ägyptischen Luftwaffe über den Himmel donnerten. Tausende Menschen hielten sich die Hände an die Ohren gegen den Lärm.

Viele standen wie in Trance da, wie die Pharaonenstatuen im Ägyptischen Museum in Kairo. Wildfremde fielen sich um den Hals. Eltern warfen ihre quietschenden Kinder in die Luft. Andere verneigten sich schweigend und küssten den Boden.

Jetzt erklang die ägyptische Nationalhymne aus den Lautsprechern: *„Bilady, Bilady, Bilady"*[15]. Jugendliche kletterten auf abgestellte Panzer und schwenkten ägyptische Flaggen. Jussef und Samer feierten begeistert mit, schoben sich hierhin und dorthin in der Menge, in der es nur noch Freunde gab. Gegen vier Uhr morgens hatten sie genug und gingen über die Brücke zu ihrem Schlafplatz am Flussufer. Auf den Wiesen saßen Tausende, die zu dieser Stunde noch über die epochemachenden Ereignisse des vergangenen Tages sprachen.

„Jussef, mein Freund!" Samer stand auf seinem Schlafsack und hob beide Arme. „Heute gehen wir als *freie* Bürger schlafen! Zum ersten Mal in unserem Leben!"

Die beiden Freunde hoben ein letztes Mal die Hände zum Siegeszeichen, dann ließen sie sich fallen, erschöpft vor Begeisterung. Der Schlaf kam, bevor sie sich Gedanken darüber

---

[15] „Mein Heimatland, mein Heimatland, mein Heimatland."

machen konnten, was das, was sie in den vergangenen Tagen erlebt hatten, für das „neue Ägypten" bedeutete.

Mitten in der Nacht hörte Samer eine Stimme: *„Samer!"* Der Mann im weißen Gewand sprach fest, aber freundlich. *„Wenn der Sohn dich frei macht, dann wirst du wirklich frei sein."*

Zweieinhalb Jahre später, im Sommer 2013, trafen Samer und Jussef sich wieder in Kairo. Das Leben in Ägypten war in der Tat anders geworden – aber nicht so, wie sie gehofft hatten. Doch einen Silberstreifen am Horizont gab es: Einer der beiden war ein neuer Mensch geworden.

„Na, Jussef, Freund, da stehen wir wieder auf dem Tahrir-Platz. Fühlt sich wie zu Hause an, nicht?"

„Doch, irgendwie schon. Aber du bist ein anderer Mann geworden. Und dafür bin ich dankbar. Ich freue mich für dich – wenn ich das mal so sagen darf."

Samer grinste.

„Du bist eine neue Schöpfung – und mein Bruder in Christus, Samer! Was kann es Cooleres geben? Und der Kampf, den wir heute kämpfen – er ist ein ganz anderer als letztes Mal." Jussef machte eine ausholende Geste zu der Menge hin, die vielleicht noch größer war als bei der Sieges-party vor zwei Jahren.

„Ja, das ist er! Als ich das Licht sah, gab es kein Zurück mehr." Samer lachte leise. „Wusstest du eigentlich, dass ich manchmal, wenn du geschlafen hast, mir deine Bibel genommen und gelesen habe? Ein paar Mal sogar in den Nächten, als wir während der Revolution dort am Nilufer kampiert haben." Samer unterbrach sich, dann fuhr er leiser fort: „Meinen Leuten zu Hause hab ich noch nichts gesagt von meinem neuen Glauben. Ein paar meiner Freunde wissen Bescheid, und ich hoffe, dass sie meinen Eltern nichts sagen. Einige meiner Verwandten sind ziemlich fanatisch, und jetzt, wo die Muslimbruderschaft an der Macht ist, haben sie Oberwasser."

„Dann werden die sicher entsetzt sein, dass Ägypten gegen Mohammed Mursi aufsteht. Erst vor einem Jahr ist die Bruderschaft aus den Gefängnissen an die Macht gekommen, und jetzt hat sie das Volk schon gegen sich. Schau dir diese Massen hier an. Christen und Muslime stehen Seite an Seite, wie letztes Mal. Aber die Kirche in Ägypten geht durch schwere Zeiten. Man kann sie schon nicht mehr zählen, die Kirchen, die dieses Jahr abgefackelt worden sind."

Samer unterbrach ihn heftig. „Ja. Und in meinem Dorf, bei Asyut, haben sie über siebzig Mädchen entführt, um Lösegelder zu erpressen! Jede Woche gibt's neue Entführungen. Und, Jussef, die Vergewaltigungen, die wir während dieser ‚glorreichen Revolution' auf dem Tahrir-Platz mitbekommen haben, passieren heute jeden Tag! Was ist nur los mit unserem Volk?"

Samer wurde immer erregter. „Unser Land geht vor die Hunde, wenn das so weitergeht! Wir müssen uns befreien von diesen Wahnsinnigen von der Muslimbruderschaft! Frauen und Mädchen sind nicht mehr sicher in diesem Land. Auch nicht die koptischen Christen. Und die Muslime, die nicht für die Scharia sind. Das muss anders werden!"

Jussef nickte. „Weißt du, wie viele Muslime angefangen haben, Jesus nachzufolgen?"

„Doch! Das ist total verrückt. Ich wollte eine Revolution für Ägypten, aber die ganze Zeit war Jesus hinter mir her, um mein Leben zu revolutionieren! Und ich war nicht der Einzige, ich weiß." Samer zeigte auf das große Podium, das an der gleichen Stelle stand wie bei den Demonstrationen von 2011. „Heute möchte ich nichts lieber tun, als da vorne auf der

Bühne zu stehen und all meinen muslimischen Freunden zu erzählen, was in meinem Leben passiert ist!"

„Samer, ich verstehe deine Begeisterung, aber *so* gut können Christen und Muslime hier dann doch nicht miteinander. Wenn du das versuchst, könnte uns das beide das Leben kosten." Jussef sah seinen Freund von der Seite an und runzelte halb im Spaß die Stirn. „Okay. Lass uns heute fasten und einen Gebetsspaziergang um den Befreiungsplatz und am Nilufer machen. Sonst nichts, den ganzen Tag. Ich habe etwas gelernt die letzten zwei Jahre: weniger Aktion und mehr Gebet!"

„Einverstanden. Und morgen kommen wir wieder hierhin und bitten Jesus darum, uns zu einem Menschen des Friedens zu führen. Er hat versprochen, dass die Ernte groß sein wird." So stand es in Lukas 10, wo Jesus seine Jünger aussandte. Jussef faltete die Hände. „Und heute, Herr Jesus, beten wir darum, dass viele Seelen zu dir kommen, hier in Ägyptens Hauptstadt."

Samer nickte. „Ist das nicht ein Ding, Bruder? Jesus hat uns den Auftrag gegeben, seine Botschaft in der geistlichen Zentrale des sunnitischen Islam zu verbreiten! Du weißt doch, wie es immer heißt: ‚Wie Kairo, so die arabischen Muslime.' Kaum zu glauben, dass wir beide hier sein und beten und die Liebe von Jesus weitergeben können, mitten in dieser scheinbar endlosen Krise unseres Landes!"

Samer verstummte. Sein Blick schweifte zur Omar-Makram-Moschee. Mit einem langen Blick musterte er schweigend die Szene, dann sagte er: „Jussef, siehst du sie auch, diese Männer dahinten vor der Moschee, am Rand des Platzes?"

Jussef nickte.

„Sie sind böse. Ägypten hat von ihrem geliebten Führer so schnell die Nase voll gehabt, dass sie platzen vor Wut." Er hob die linke Hand ans Kinn. „Schau dir ihre Transparente an!

Das ist der nackte Hass auf jeden, der gegen sie ist! Gestern Abend haben sie wieder Bibeln verbrannt. Erst pinkeln sie auf Gottes Wort, und dann zünden sie es an. Stell dir mal vor, jemand würde so was mit einem Koran machen …"

Er sah Jussef an. „Wusstest du schon, dass die Oppositionsbewegung *Tamarod* mittlerweile 22 Millionen Unterschriften von Menschen gesammelt hat, die die Absetzung Mursis und Neuwahlen fordern? Die Medien nennen es den größten Protest in der Geschichte der Menschheit. In jeder größeren ägyptischen Stadt ist der zentrale Platz voll von Demonstranten. Meine Verwandten in Alexandria sagen, so was haben sie noch nie erlebt – und du weißt ja, wie stark die Bruderschaft in Unterägypten ist." Er holte Luft. „Die Augen der ganzen Welt sehen auf uns."

„Ja", bestätigte Jussef leise, „der große Traum der Muslimbruderschaft, erst Ägypten und dann die ganze arabische Welt zu regieren, dürfte bald ausgeträumt sein."

„Wenn meine Familie das mit meiner Bekehrung wüsste …" Samer verstummte.

Jussef legte Samer seine Hand auf die rechte Schulter. „Ja, Samer, sie sind zum Fürchten, die Fanatiker. Das Böse dringt ihnen aus allen Poren, aber ich bete: Herr Jesus, zeige dich ihnen!"

Er streichelte die Schulter seines Freundes, dann zeigte er auf den Tahrir-Platz. „Fangen wir mit unserem Gebetsspaziergang an. Ich gehe in *die* Richtung und du in die. Wir treffen uns dann am Ägyptischen Museum." Jussef zeigte über seine Schulter auf das Gebäude hinter ihnen. „Und übrigens: Wusstest du schon, dass General al-Sisi mehrere Krankenhäuser hier in Kairo besucht hat, um sich bei den Vergewaltigungsopfern und ihren Verwandten zu entschuldigen? Ich wollte, *er* würde unser Land führen."

Samer schüttelte den Kopf. „Dann muss er eine ganze Woche damit verbracht haben. Allein in den letzten paar Monaten hat es hier auf dem Platz mindestens 46 Vergewaltigungen gegeben. Gott allein weiß, wie viele nicht angezeigt worden sind." Er verzog angewidert das Gesicht.

„Okay, mein Freund, weg mit den trüben Gedanken. Diesmal sind wir als Arbeiter für das Reich Gottes hier. Also: Um 15 Uhr treffen wir uns wieder, vor dem Museum."

Es war schwer zu sagen, was heißer brannte: die Glut der hoch stehenden Sahara-Sonne am Himmel oder die Wut der Muslimbruderschaft auf dem Tahrir-Platz. Es war der letzte Tag im Juni 2013, und die Demonstranten spürten, dass das ägyptische Militär mit General al-Sisi an der Spitze drauf und dran war, Mohammed Mursi abzusetzen. Ein Meer von hoch erhobenen roten Karten wie aus einem Fußballspiel wogte auf dem Platz hin und her. Mit Messern bewaffnete Mitglieder der Bruderschaft stürzten sich in die Menge, um das leuchtende Rot mit der Farbe von Blut zu mischen und ihrem Hass in Massenvergewaltigungen Luft zu machen.

Um drei Uhr nachmittags bahnte Jussef sich einen Weg durch das Chaos zum Ägyptischen Museum, wo er auf Samer warten wollte. Um vier wartete er immer noch.

Jussef Mansour sollte seinen besten Freund nie mehr sehen. Eine Stunde nach Sonnenuntergang schlich er über die Qasr-al-Nil-Brücke und verbrachte auf dem Gras am anderen Ufer eine fast schlaflose Nacht. Er fürchtete das Schlimmste für seinen Freund.

Bei Tagesanbruch weckte ihn das Klingeln seines Handys.

„Jussef, hier Michael. Ich bin in Kairo."

Jussef hatte nicht gewusst, dass sein Cousin auch in der Stadt war.

„Michael! Wie geht's?"

„Danke, gut. Aber ich habe Neuigkeiten über Samer. Dem geht es *nicht* gut." Die Stimme brach ab. „Die Bruderschaft hat ihn gekriegt, als er neben der Moschee stand und betete. Er hatte einem jungen Mursi-Anhänger, der interessiert zu sein schien, aus der Bibel vorgelesen und war auch nicht gegangen, als das Feuergefecht zwischen der Armee und der Bruderschaft begann. Mehrere Geistliche sahen, was er da machte, sie packten ihn und führten ihn ab."

Michael unterbrach sich wieder, dann sagte er: „Jussef, Samer ist tot."

Ohne ein Wort schaltete Jussef das Telefon aus und schob es zurück in seine Tasche. Wie gelähmt stand er da und starrte über den Nil, hin zur Omar-Makram-Moschee und zu den Menschenmassen, unter denen sich die Mörder seines besten Freundes befanden. Ein Gedanke nahm in seinem Gehirn Gestalt an. *Samer hat auf dem Tahrir-Platz den Märtyrertod erlitten. Samer hat auf dem Tahrir-Platz den Märtyrertod erlitten. Samer hat auf dem ... Platz der Märtyrer den Märtyrertod erlitten.*

Sechs Monate danach musste Jussef immer noch fast täglich an seinen besten Freund denken. Im ganzen Land war es ruhig geworden auf den Plätzen, aber zu Hause in Alexandria wurde das Leben für Jussef gefährlich.

Die politisch entmachtete Muslimbruderschaft hatte eine Mordkampagne gegen Pastoren begonnen. Einer nach dem anderen bekamen Gemeindeleiter – darunter mehrere von Jussefs Freunden – die „Gelegenheit" zu einer Entscheidung: *Konvertiere zum Islam oder stirb.*

Jussef nahm den letzten Schluck von seiner zweiten Tasse Kaffee und sah seinen alten Freund, Pastor Said, an. „Ich frage mich, wo heutzutage die Polizei ist. Ist ihre neueste Strategie, uns zu ignorieren? Hat die Feuerwehr wenigstens zurückgerufen nach deinem Anruf, dass deine Kirche brennt?"

Pastor Said seufzte. Er schaute auf Jussefs leere Tasse, dann zu den Nachbartischen im Grand Café von Alexandria. „Nein, immer noch nicht, und jetzt ist es fast eine Woche her. Das ist eine richtige Kampagne." Pastor Said trommelte mit den Fingern auf den Tisch. „Die Bruderschaft hat ihren Sturz uns Christen in die Schuhe geschoben und ‚blutige Rache' geschworen. Niemand ist mehr sicher, Jussef."

Jussef lächelte. „Vielleicht sehen wir Samer schneller wieder, als wir dachten – aber am allerschönsten wird es sein, Jesus zu sehen. Oh, komm, Herr Jesus!"

Sie saßen noch ein paar Minuten still da, dann erhoben sich die beiden Männer, umarmten sich, gaben sich den traditionellen Wangenkuss und gingen, jeder in eine andere Richtung. Am Eingang des Cafés bog Jussef nach links ab, in Richtung auf den Kreisverkehr Moaz.

Heute hatte er Zeit, auf seinem Heimweg durch die von Alexander dem Großen gegründete Altstadt zu schlendern. Dies war einst ein Zentrum der Gelehrsamkeit und der alten Kirche, wo mit dem Leuchtturm von Pharos eines der sieben Weltwunder der Antike gestanden hatte. Doch inzwischen war Alexandria zu einem der finstersten Orte Ägyptens, wenn nicht der Welt geworden.

Als Bastion der Muslimbruderschaft befand sich die Stadt jetzt im freien Fall. Der Tourismus war zum Erliegen gekommen und die in der Stadt verbliebenen Christen hielten sich bedeckt. Jedenfalls die meisten; Jussef war eine Ausnahme.

Heute – es war Freitag – würde eine Station auf seinem langen Heimweg die El-Mursi-Abul-Abbas-Moschee sein.

Ein Gebetsspaziergang um diese Moschee am wichtigsten Gebetstag der Muslime – diese Gelegenheit wollte er sich nicht entgehen lassen.

Als er den Kreisverkehr erreichte, hörte er einen Block weiter, in südlicher Richtung, Schreie. Dann das typische Geräusch explodierender Tränengasgeschosse. Dann Schüsse. Die nächste Bruderschaft-Demonstration, die aus dem Ruder gelaufen war.

An der Ecke hielt er an, um den Kreisverkehr zu beobachten. Mehrere Minuten schaute er auf den Verkehr. Alles schien normal zu sein. Was er nicht sah, war die kleine Menschentraube, die sich hinter ihm bildete. Er wollte gerade weitergehen, als eine raue Hand ihn am Haar packte und seinen Kopf zurück nach unten riss, sodass er auf die Knie gehen musste. Eine andere Hand drückte eine wohl 20 Zentimeter lange Messerklinge gegen seinen entblößten Hals.

„Und was haben wir hier? Einen Christen, der uns missionieren will?" Die Stimme hinter seinem Rücken machte Jussef eine Gänsehaut. „Wir wissen, wer du bist ... Jussef! Ich kenne dich aus meinem Viertel und weiß, dass du kein Muslim bist – oder noch nicht."

Mohammad al-Hassan riss Jussefs Kopf zur Seite und schrie ihm ins Gesicht: „Heute trittst du zum Islam über oder du verlierst deinen Kopf! Sag die Schahada auf und bete Allah an – jetzt sofort!" Jussef hatte die Stimme nicht erkannt, aber das Gesicht kam ihm bekannt vor. „Wenn du es nicht machst, stirbst du und fährst direkt zur Hölle, wo du hingehörst!"

„Ungläubiger! Tod dem Ungläubigen!" Dutzende von rauen Stimmen feuerten den Mann mit dem Messer an.

Die Klinge weiter gegen Jussefs Hals gedrückt, knapp oberhalb des Kehlkopfes, wandte al-Hassan sich an die kleine

Menge: „Der *Hadith*[16] gibt uns diese Weisung: ‚Mir ist befohlen worden, mit den Menschen zu kämpfen, bis sie sagen, dass niemand der Anbetung würdig ist als allein Allah.'"

Bilder seiner Eltern und Geschwister flogen Jussef durch den Kopf. Er schaute zum Himmel hoch. Wie der Apostel Johannes Markus, der vor fast zweitausend Jahren in dieser Stadt sein Leben für Christus gelassen hatte, war er bereit zu sterben.

„Kann ich aufstehen und etwas sagen?" Jussef presste die Worte aus seiner halb zusammengedrückten Kehle.

Mohammad al-Hassan grinste gehässig. „Du kannst ein paar Worte sagen, bevor du Allah die Treue schwörst."

Jussef stand langsam auf. Das Messer folgte der Bewegung, als wäre es an seiner Kehle befestigt. Er hob die rechte Hand. „Ich habe mich entschieden!"

Freudenrufe der Menge.

„Hier stehe ich und dies ist meine Entscheidung: Ich werde mich nie vor einem anderen beugen als allein meinem Erlöser, dem Herrn Jesus Christus! Ihr könnt mir drohen, ihr könnt mich foltern und ihr könnt mich töten, aber niemals werde ich mich zum Islam bekehren!"

Geschockte Stille. Alle starrten sie den Mann an, der das Messer an Jussefs Kehle hielt.

---

[16] Sammlung von Aussprüchen und Handlungen Mohammeds; nach dem Koran die höchste Autorität für Muslime. Das folgende Zitat stammt aus Sahih al-Bukhari 4:196.

Ich erwartete nichts anderes, als dass ich sterben würde, an jenem Tag an der Straßenkreuzung in Alexandria. Ich hatte mich damit abgefunden und war bereit – aber dann griff *Jesus* ein.

Erinnern Sie sich an die Stelle im Neuen Testament, wo sie Jesus aus Nazareth hinausjagen, nachdem er in der Synagoge gesprochen hat? Er hatte die Menschen dort mit folgenden Worten schockiert:

„Der Geist des Herrn ruht auf mir, weil er mich berufen hat. Er hat mich gesandt, den Armen die frohe Botschaft zu bringen. Ich rufe Freiheit aus für die Gefangenen, den Blinden sage ich, dass sie sehen werden, und den Unterdrückten, dass sie bald von jeder Gewalt befreit sein sollen. Ich rufe ihnen zu: Jetzt erlässt Gott eure Schuld" (Lukas 4,18-19).

Die erzürnten Gottesdienstbesucher schleppten Jesus an einen Steilhang, um ihn dort hinunterzuwerfen (V. 29). Sie wollten ihn töten. Aber da geschah ein Wunder: „Jesus ging ruhig durch die aufgebrachte Volksmenge weg, ohne dass jemand ihn aufhielt" (V. 30). Aus dem Bericht geht nicht hervor, wie dies genau zuging. Hob Jesus die Hand und schaute den Menschen in die Augen, worauf sie vor Furcht zurückwichen? Waren sie plötzlich bewegungsunfähig? Oder wurde Jesus unsichtbar?

Wie immer es damals war, es muss ähnlich gewesen sein wie das Wunder, das ich an jenem Tag an dem Kreisverkehr erlebte. Als ich meinem Scharfrichter und der Menge erklärte, dass ich nur Jesus anbeten würde, passierte etwas sehr Merkwürdiges mit Mohammad al-Hassan.

Er erstarrte.

Über eine Minute stand er da, ohne einen einzigen Muskel zu bewegen. Er sah aus wie eine Statue.

Er wartete (auf was auch immer), ich wartete und die Zuschauer warteten. Ich stand da, mit dem Messer am Hals, und sehnte mich danach, gleich Jesus zu sehen. Ich war ihm so nah!

Aber es sollte nicht sein. Mohammads Erstarrung löste sich. Er ließ das Messer fallen und ging, ohne ein Wort. Der Mob tat es ihm nach. Alle folgten ihm. Nach vielleicht einer Minute stand ich alleine dort auf dem Bürgersteig.

Was für eine Ehre wäre es gewesen, dort den Märtyrertod zu sterben, wie einst Johannes Markus! Er starb nicht weit entfernt von der Stelle, wo ich mit dem Messer am Hals kniete. Seit dem Tag, wo mein Freund Samer in Kairo den Märtyrertod starb, hatte ich damit gerechnet, ähnlich zu Tode zu kommen.

Warum bin ich noch hier, während Samer bereits bei Jesus ist? Ich glaube, es gibt zwei Gründe dafür.

Erstens: Mein Auftrag – die Verbreitung des Evangeliums – ist noch nicht erfüllt. In Lukas 4 war der Auftrag Jesu noch nicht erfüllt, seine Zeit war noch nicht gekommen. Sein Auftrag war es, am Kreuz in Jerusalem zu sterben, und nicht, in Nazareth einen Steilhang hinuntergestoßen zu werden. Doch er wäre bereit gewesen, und ich war auch bereit. Ich hatte mit meinem Leben abgeschlossen und war auf einen gewaltsamen Tod vorbereitet. Keine Sekunde lang glaubte ich, dass ich mit dem Leben davonkommen oder dass Gott eingreifen würde. Ich war sicher, dass mein Leben vorbei war, und es war Jesus, der mir in dem Moment innere Zuversicht gab. Nur er konnte das tun. Aber meine Zeit war noch nicht gekommen.

Heute erleiden im ganzen Nahen Osten, ja in der ganzen Welt Menschen, die Jesus nachfolgen, den Märtyrertod. Ich habe Videos aus Syrien und dem Irak gesehen, in denen Männer und Frauen für ihren Glauben enthauptet werden. Das passiert öfter, als mir lieb ist, und glauben Sie mir: Es ist ein hässlicher Tod.

Aber Jesus hat mich noch auf dieser Erde gelassen, damit ich ihn in Alexandria groß mache. So einfach ist das. Das, und nichts anderes, ist der Sinn meines Lebens.

Zweitens: Ich glaube, Jesus hat mich auch in Alexandria gelassen, damit ich den Menschen dort *seine Macht* zeige. Muslimische Fundamentalisten wie Mohammad al-Hassan sind machthungrig. In ihrem Denken erweist sich die Wahrheit ihrer Religion durch Macht und Zwang. Doch die Macht des wahren Gottes haben sie nie erfahren – sie müssen sie erfahren, um sehen zu können, was sie in ihrer Religion *nicht* haben.

Als Mohammad mich umbringen wollte, erlebte er zum ersten Mal in seinem Leben die Macht Gottes. Nie zuvor oder danach habe ich so gespürt, wie der Geist des lebendigen Gottes auf mich kam, wie dort, als ich aufstand und erklärte, dass ich Jesus nicht verlassen würde. Die Worte kamen mit einer Vollmacht aus meinem Mund, die nicht meine eigene war; und ich glaube, es war diese Vollmacht, die Mohammad buchstäblich lähmte. Er sah, wie Gott am Werk war, und das machte ihm Angst.

Oft lachen Muslime uns Christen aus, weil wir auch die andere Wange hinhalten. Wir werden Opfer von Verbrechen – und schlagen nicht zurück. Sie halten uns für Schwächlinge. Aber was Mohammad bei unserer Konfrontation erlebte, war keine Schwäche. Gott hatte die Angst aus meinem Herzen weggenommen, und diese Art Kraft konnte Mohammad nicht begreifen. Meine Liebe zu Jesus war so stark und greifbar, dass er sie *spüren* konnte. Er sah auch, dass ich ihn nicht hasste. Nur mein Heiland konnte mich so erfüllen, dass ich den Tod willkommen hieß. Was Mohammad und die anderen dort sahen, war Jesus.

Alexandria war einst eines der fünf Zentren des christlichen Glaubens. Jerusalem, Antiochia, Konstantinopel, Alexandria und Rom haben in der Geschichte der frühen Kirche eine wichtige Rolle gespielt. In Alexandria wurden sogar Theologen ausgebildet, doch diese Tage sind lange vorbei. Heute ist meine Heimatstadt als eine „Hauptstadt" der Muslim-Bruderschaft bekannt. Und ich glaube, darum bin ich immer noch da; ich soll Jesus zurückbringen in diese Stadt der Finsternis.

Es gibt noch andere, die in Alexandria das Licht Christi scheinen lassen. Bitte beten Sie für uns. Wir stehen alle unter Beobachtung, und ich weiß, dass ich früher oder später wieder jemandem wie Mohammad gegenüberstehen werde. Aber haben Sie keine Angst um mich.

Ich werde nie vor jemand anderem als Jesus auf die Knie gehen.

8

Jesus im Gazastreifen

„Ali, an deiner Stelle würde ich nicht in die Nähe deiner Wohnung gehen." Mahmoud Nadschar flüsterte ins Handy, während er sich raschen Schrittes von der bescheidenen Mietwohnung seines Freundes im Zentrum von Gaza-Stadt entfernte. Während seines Abendspaziergangs war er eben an dem Haus vorbeigegangen und hatte durch das vordere Fenster vier Männer gesehen. Sie waren dabei, Geschirr auf den Boden zu schmeißen, Bücher von den Regalen zu reißen und Holzstühle zu zertrümmern.

„Der Imam saß auf deinem Sofa und sah sich eine Sendung im Fernsehen an!"

Die fünf Einbrecher waren keine Diebe; die Hamas hatte sie geschickt. Ihr Auftrag: einem mutmaßlichen „Ungläubigen" das Leben so schwer wie möglich zu machen. Es war nicht der erste Einbruch in Ali Abdel Masihs Wohnung und jede Verwüstungsaktion war heftiger als die vorherige. Bald würde es keinen Fernseher mehr geben, vor den der Imam sich setzen konnte, während seine Männer ihren „Job" machten.

Die Probleme für Ali hatten begonnen, als ein „Nachbarschaftswächter" von der Hamas um drei Uhr morgens gesehen hatte, wie zwei junge Männer – sie mochten in den Zwanzigern sein – Alis Wohnung verließen. Einer von ihnen war Mahmoud gewesen. Er hatte mitbekommen, dass jemand ihn beobachtete, sodass ihn die Probleme, die sein Freund und Gebetspartner jetzt hatte, nicht überraschten.

Mahmoud bog gerade um eine Straßenecke und nahm Kurs auf den mehrere Häuserblocks weiter östlich liegenden

Kreisverkehr. Er presste das Handy ans Ohr, um seinen Freund durch den Lärm der Stadt hindurch hören zu können.

„Mahmoud, du wirst nicht glauben, was ich gerade im Augenblick sehe! Ich bin am Grenzübergang Rafah. Es gibt wieder einen neuen Tunnel, und gerade sind an die fünfzehn Jungen da rausgekommen, mit irgendwelchen Raketen oder so etwas, die bestimmt direkt aus Ägypten kommen. Die Muslimbruderschaft-Hamas-Connection funktioniert. Ich schätze mal, älter als zwölf können diese Jungen nicht sein."

Mahmoud ignorierte die Nachricht. „Ali, ich finde, du solltest mal einen Gang zurückschalten. Natürlich muss das Evangelium unter die Leute, aber die *Hamas* missionieren wollen? Wahrscheinlich bist du bei denen schon auf der schwarzen Liste. Rami Ayyad haben sie schon umgebracht, und mit dir machen die das auch, aber locker!" Der lautstarke Gangwechsel eines Lkws neben ihm ließ Mahmoud zusammenzucken.

„Du hast recht, Mahmoud, ich *bin* auf der Liste", erwiderte Ali. „Angeblich sind zehn von uns drauf. Aber keine Bange, ich bin untergetaucht und benutze einen Decknamen. Mir passiert schon nichts."

Mahmoud musterte den Bürgersteig vor ihm. „Das überzeugt mich nicht, Ali. Die sind hinter dir her. Du musst raus aus dem Gazastreifen!"

„Wenn das nötig werden sollte, kümmere ich mich drum. Aber danke, dass du an mich denkst, Bruder."

Ali brach ab. Einen Augenblick dachte Mahmoud, dass die Verbindung abgerissen war, dann kam die Stimme wieder: „Gibst du mir Bescheid, wenn unsere neuen Freunde meine Wohnung verlassen haben?"

„Gerne. Warum?"

„Na, ich selber kann ja wohl gerade nicht nach Hause, aber

ich bräuchte frische Wäsche und ein paar andere Sachen. Kannst du mir die besorgen?" Ali machte wieder eine Pause, dann sagte er: „Du, ich muss Schluss machen, ich kriege gerade einen Anruf von einem anderen Christen."

Mahmoud schaltete sein Handy aus und schaute noch einmal sichernd um sich, bevor er weiter in Richtung Kreisverkehr ging. Er fragte sich, wer es war, der da gerade bei Ali anrief.

„Hallo?" Ali erkannte die Stimme sofort. „Ja, Dschamal! Ja, ich hab heute Abend Zeit. Du klingst, als ob's dringend wäre. Ist alles okay?"

Ali Abdel Masih hätte für ein Mitglied der Hamas durchgehen können. Mit seinem olivfarbenen arabischen Gesicht und dem kurz geschnittenen schwarzen Bart wäre er der ideale Kandidat für ein Werbeposter zur Rekrutierung junger Männer aus dem Gazastreifen gewesen. Nur seine engsten Freunde wussten, dass dieser so militant aussehende Achtundzwanzigjährige ein Jesusjünger war, der die ersten zweiundzwanzig Jahre seines Lebens in den USA verbracht hatte, dem Land seiner Geburt. Sein Arabisch war perfekt, ohne jeden amerikanischen Akzent. Während die Hamas für den Tod Israels lebte, war Ali in den Nahen Osten gekommen, um den Palästinensern das Leben zu bringen. Ein ganz besonderes Anliegen waren ihm die jungen Männer aus dem Gazastreifen, deren einzige Zukunft der Krieg mit dem jüdischen Staat zu sein schien.

Dschamal Ramadan schlürfte seinen Tee mit Milch und schaute den Strand entlang. In der Ferne, eine Meile weiter südlich in der Nähe der Mole, waren die Lichter eines kleinen Bootes zu sehen, ansonsten war die Dunkelheit komplett. Es war ein Uhr nachts, und er beriet sich hier mit seinem Mentor und Lehrer im Glauben.

Dschamal drehte sich wieder zu Ali hin, machte eine ausholende Geste in Richtung der Zelt- und Hüttenstadt hinter dem Strand und fuhr fort, seinem Freund und Bruder in Christus sein Herz auszuschütten.

„Al-Schati ist die Hölle. Mein ganzes Leben habe ich in diesem Flüchtlingslager verbracht. Wusstest du, dass es heute in den Lagern neun verschiedene Terroristengruppen gibt? Ich glaube, das wird nie anders. Seit 1948 geht das nun schon so, und kein Ende in Sicht!"

Ali nickte.

Dschamals Finger zeigte auf die Schatten des Lagers. „Kannst du dir vorstellen, dass hier über 75.000 Menschen leben?" Er schlug sich mit beiden Händen auf den Kopf und schloss die Augen. Dann trat die Andeutung eines Lächelns auf seine Lippen und er sah seinen Freund wieder an. „Aber noch unvorstellbarer ist, dass es hier eine Hausgemeinde gibt – eine, in der jeder ein ehemaliger Muslim ist. Preis dem Herrn! Ali, mitten in einem der schlimmsten Terroristennester der Welt beten wir *Jesus* an! Wow. Wenn die das wüssten ..."

„Kein Wunder, dass sie so dreist sind, wenn Premierminster Haniyya sie anfeuert!" Ali ließ den Sand durch die Finger seiner rechten Hand gleiten. „Es hat Wellen geschlagen, als er der Weltpresse kürzlich sagte: ,Die Hamas liebt den Tod für Allah mehr, als ihr Israelis das Leben liebt.' Man mag es fast nicht glauben, dass er das gesagt hat."

„Ich glaub's sofort."

Ali schnaubte. „Eine mondlose Nacht wie diese hier wäre *die* Gelegenheit für die Israelis, ihn auszuschalten. Wenn er so gerne sterben möchte – vielleicht erfüllen sie ihm den Wunsch."

„Die Palästinenser würden jubeln. Wusstest du schon, dass

weniger als fünfzehn Prozent der Menschen hier für die Hamas sind? Geht's noch jämmerlicher? Dass ich mal daran gedacht habe, mich der Hamas anzuschließen, ist mir megapeinlich. Danke, Jesus, dass du mich gerettet hast!"

Ali schaute zu dem verdunkelten Lager hin. „Ein israelischer Angriff ist nicht ausgeschlossen heute Nacht. Wenn wir Drohnen hören, suche ich uns ein sicheres Plätzchen."

Er drehte sich zurück zu dem schwarz daliegenden Mittelmeer. „Heute Nacht liegt was in der Luft." Er sah Dschamal an. „Gestern Abend war ich bei Mahmoud in der Stadt Deir al-Balah. Als wir mit seiner Familie beim Essen saßen, hörten wir plötzlich in der Nähe Schreie und dann vier Schüsse. Die Hamas-Terroristen waren völlig überrascht. Als die israelischen Streitkräfte sie erst mal präzise geortet hatten, war in ein paar Sekunden alles vorbei. Die Familien der Getöteten tun mir leid. Seien wir doch ehrlich: Die Menschen hier in Gaza werden mit Straßenumzügen feiern, wenn die Hamas weg ist."

„Na, da haben Palästinenser und Israelis doch was gemeinsam: Beide wollen sie ein Hamas-freies Gaza."

Die beiden lachten, aber nur kurz. „Pssst!" Ali hielt eine Hand hoch. Über ihnen begann die Luft zu brummen wie ein Hornissenschwarm. „Drohne!"

Ali und Dschamal wussten, dass es nichts brachte, jetzt hektisch loszurennen, um Deckung zu suchen; damit würden sie das Risiko, selbst zu einem Ziel zu werden, nur erhöhen. Sie lauschten schweigend, wie das Brummen einen Kreis über dem östlichen Rand des Al-Schati-Lagers beschrieb.

„Seit die Hamas an der Macht ist, kann man nachts nicht mehr draußen sein. Ali, früher haben wir mitten in der Nacht am Strand Volleyball gespielt. Das war einmal."

Ein Blitz aus der Richtung des Lagers zerschnitt die Dunkelheit und ließ die beiden Freunde zusammenzucken. Jetzt noch einer. Zwei Kassam-Raketen stiegen in den Himmel hoch und nahmen Kurs auf Aschkelon, ein zwanzig Kilometer nordöstlich gelegenes Lieblingsziel der Terroristen in Israel.

Dschamal schaute kurz in die Richtung, dann drehte er sich wieder seinem Freund zu. „Ali, vielleicht mache ich jetzt einen Fehler, aber … komm mit." Er stand abrupt auf und deutete auf das Lager.

Sie huschten fünf Minuten durch die Nacht, dann standen sie, fast Schulter an Schulter, in einer solchen Schwärze, dass alles, was sie voneinander wahrnahmen, das Geräusch ihres Atems war.

Dschamal zündete ein Streichholz an. Ali stand der Mund offen. Sie standen in einem Tunnel. Waren es nur ein paar Meter oder einige Kilometer, bis er in einem schwarzen Loch verschwand? Schwer zu sagen.

„Dschamal, woher kennst du diesen Tunnel? Stimmt das wirklich, dass du nie bei der Hamas warst?"

„Natürlich stimmt das! Aber ich wohne in Gaza, Bruder, da spricht sich manches rum. Vor allem in Al-Schati. Überall kriegt man Gespräche mit, und mein Nachbar nebenan redet, na ja, ziemlich viel. Und viel zu laut.

Die Tunnel im Süden, bei Rafah, dienen dazu, Sachen nach Gaza zu schmuggeln, die man hier nicht kaufen kann." Dschamal kicherte. „Kennst du das Grand Palace Hotel in der Al-Rashid-Street, mit Blick auf den Strand?"

„Ja, doch, da war ich schon."

„Da hab ich vor Kurzem gegessen. Ein Steak, das spitze war! So was Gutes hatte ich bis dahin in Gaza noch nie gekriegt. Als ich dem Besitzer das sagte, erklärte er mir, dass sie ihr Fleisch durch einen der Tunnel kriegen. Ich fragte ihn: ‚Ja, schleppen die zentnerweise Rindfleisch da durch?' Darauf sagte er mir: ‚Nichts da, schleppen! Die treiben ganze Kuhherden aus Ägypten durch!'"

„Öfter mal was Neues!" Ali musterte die Decke. „Aber, Dschamal, dieser Tunnel ist am *Nordende* von Gaza. Wir wissen doch beide, dass er nur *einen* Zweck haben kann."

„Sehe ich auch so, Bruder. Durch diesen Tunnel will die Hamas ihre Kämpfer unter der Grenze durchschleusen, um Israelis umzubringen. Er ist eine mörderische Waffe. Und das ist der Grund, warum ich mit dir hierhergegangen bin. Nicht, um in Sicherheit vor den Drohnen zu sein, Ali, sondern um zu beten."

Das Streichholz in Dschamals Hand erlosch. Die beiden standen wieder im Stockdunkeln. Dschamal zündete ein neues Streichholz an und fuhr fort: „Wir müssen für unser Volk beten, für die Palästinenser, die in dieser Hölle hier gefangen sind. Aber bevor wir anfangen, muss ich dir noch was sagen, Ali. Es ist sicherer, wenn ich das hier im Tunnel mache; wenn das im Lager jemand hört, bin ich ein toter Mann."

Ali nickte.

„Okay. Also: Unser Erlöser hat meinen Hass auf die Israelis weggenommen." Dschamal schüttelte den Kopf. „Ich habe sogar das Bedürfnis, für sie zu beten, Ali! Ich hasse sie nicht mehr. Mein Herz ist voll von Gottes Liebe zu den Juden."

Er sah Ali in die Augen. „Weißt du noch, wie ich ‚diese jüdischen Schweine' gehasst habe? Jetzt schäme ich mich, dass ich sie so genannt habe. Kannst du das glauben, dass ich jetzt für sie bete?"

Ali rollten plötzlich Tränen über die Wangen. Seine Worte kamen langsam. „Doch, Dschamal, das glaube ich. Gott hat dir eine Liebe gegeben, die aus einer anderen Welt kommt. Nach dem, was du alles erlebt hast, war der Hass die einzige Option für dich. Ein israelischer Soldat hat deinen Vater getötet und dein Bruder sitzt in Israel im Gefängnis. So ein Wunder im Herzen … Mann, so ein Wunder kann nur Jesus tun!"

Ali zog seinen Bruder im Glauben an sich. Dschamals zweites Streichholz ging aus, und die beiden hielten sich mehrere Sekunden im Dunkeln in den Armen. Dann trat Dschamal zurück und sagte: „Gut, und jetzt tun wir das, was hier unten noch keiner gemacht hat. – Himmlischer Vater, wir beten für die Menschen in Israel. Gib, dass diese Raketen irgendwo niedergehen, wo sie keinen Schaden anrichten. Vereitele du die Pläne der Hamas. Und gib, dass die Israelis diese Tunnel entdecken, bevor noch mehr Menschen sterben."

Die Wände des Tunnels zitterten, ein Grollen irgendwo oben unterbrach Dschamals Gebet. Die Drohne hatte ihr Ziel gefunden. Dschamal und Ali nahmen sich in der Dunkelheit an den Händen und beteten weiter.

„He, Ali, ich mag dein blaues Hemd. Man sieht's richtig gut durch deine Gitarre. Wie hast du die Löcher da reingekriegt?"

Vier Monate nach der Gebetsnacht mit Dschamal im Tunnel schlug Ali ein paar Akkorde auf seiner sechsseitigen Fender-Gitarre. Vor ihm saßen die vier Männer, mit denen er sich im Flüchtlingslager Dschabalia regelmäßig zum Singen und Beten traf. Der Resonanzkörper der Gitarre sah wie ein Schweizer Käse aus.

„Ach so, die Einschusslöcher", kicherte Ali und begann seine Geschichte. „Das sind Geschenke von einem israelischen Soldaten. Hab sie letzte Woche gekriegt, am Grenzübergang Eres, als ich von Gaza ins Westjordanland bin. Es gab die üblichen Fragen, und dann sah Aaron – ein paar der Jungs kenne ich mittlerweile mit Namen – meinen Gitarrenkoffer, fand den verdächtig, und schon kam der Roboter."

„Roboter?", fragte Isam, ein neuer Christ Anfang zwanzig.

„Isam, man merkt, dass du noch nicht oft an der Grenze warst. So machen die Israelis das bei Gegenständen, die ihnen nicht geheuer vorkommen, oder wenn sie denken, dass jemand sich 'ne Bombe umgeschnallt hat. Sie holen den ferngesteuerten Roboter, der den verdächtigen Gegenstand wegschafft und in sicherer Entfernung untersucht. Sie sind echt cool, die Roboter. Können die Clips an der Sprengstoffweste eines Selbstmordattentäters lösen, während er die Hände hochhält, und das Ding zu einem Abhang fahren, und: Wumms! Oder die Soldaten eröffnen das Feuer auf den Gegenstand. Wie bei meiner Gitarre." Ali grinste.

Abdul – ein anderer neuer Christ aus dem Lager Dschabalia – brummte: „Das hast du nicht verdient! Die sind echt brutal, die Israelis. Du hattest monatelang gespart für diese Gitarre."

„Jetzt schau mich mal an, Abdul! Sehe ich nicht wie ein Terrorist aus? Der Soldat machte nur seinen Job. Erst eine Woche vorher hatte tatsächlich jemand versucht, mit 'ner Bombe im Gitarrenkoffer durch Eres zu kommen. Wenn ich das gewusst hätte, hätte ich meine hiergelassen. Ich habe nichts gegen den Typen, der meine schöne Fender durchsiebt hat. Aaron hat sich sogar entschuldigt, als er merkte, dass es wirklich nur eine Gitarre war. Und dann hat er mir diese Geschichte von letzter Woche erzählt und gefragt: ‚Was hätte ich denn machen sollen?' Dem schien das echt peinlich zu sein."

Abdul nickte widerstrebend.

Ali fuhr fort: „Aber Gott hat diese Begebenheit benutzt. Während Aaron mich befragte, hab ich ihm erzählt, dass ich kein Muslim mehr bin. Darauf fragte er, ob so was möglich ist. Ich sagte: ‚Ja, ich folge jetzt Jesus nach und versuche, jeden Tag so zu leben, wie er das tun würde. Und Jesus war ein Mann des Friedens.'

Aaron war natürlich ziemlich perplex, als ich das sagte, und wollte Genaueres wissen. Er fragte mich, ob ich also ein Christ sei. Ich sagte: Ja, und dann fragte er mich was, was er wahrscheinlich schon lange jemand hatte fragen wollen."

Ali schaute nacheinander seine vier Freunde – Abdul, Isam, Dschamal und Mahmoud – an und fuhr fort: „Für euch ist das wahrscheinlich jetzt was Neues, aber jahrhundertelang hat man die Juden in der ganzen Welt als ‚Christusmörder' beschimpft. Christen – oder Menschen, die sich für Christen hielten – haben die Juden verfolgt, weil sie Jesus gekreuzigt hatten. Zum Beispiel die spanische Inquisition oder die Kreuzritter. Es gab sogar Nazis, die sich für gute Christen hielten. Tja, und da hat sich dieser israelische Soldat ganz dicht zu mir gebeugt und mir die Frage direkt ins Gesicht gefaucht: ‚Wer hat Jesus getötet?'

Er dachte natürlich, dass ich antworten würde: ‚Die Juden'. Aber ich hab kurz still um die richtige Antwort gebetet, und ich war selber überrascht, wie gut sie war. Ich sagte: ‚*Ich* hab ihn getötet. Meine Sünden haben ihn ans Kreuz gebracht.'

Der Mann war sprachlos. Ich glaube, der Heilige Geist durchbohrte sein Herz, als ich das sagte. Er spürte die Ehrlichkeit in meiner Antwort. Und dass ich nicht verbittert war. Ein Palästinenser steht vor einem israelischen Soldaten und hasst ihn nicht – das musste er erst mal verdauen.

Tja, und dann habe ich ihn umarmt und ihm gesagt, dass er keinen leichten Job hat und dass ich für ihn beten werde. Er hat mich nur angeguckt, immer noch sprachlos." Ali klopfte sich mit den Fingern seiner rechten Hand auf die Brust und sagte: „Ich kann's nicht erwarten, ihn wiederzusehen."

Mehrere Sekunden schwiegen die fünf Männer, dann fuhr

Ali fort: „Leider könnte das schon bald sein. Ich habe schlechte Nachrichten für euch: Man hat mich aufgefordert, den Gazastreifen zu verlassen. Seit sechs Jahren bin ich hier, aber jetzt hat mich das amerikanische Konsulat kontaktiert und gesagt, dass ich gehen muss. Jetzt, wo die Hamas an der Macht ist, dürfen keine Amerikaner mehr hierbleiben. Ich werde tun, was ich kann, um zurückzukommen. Ich habe sogar vor, mir einen Anwalt zu nehmen, um diese Sache anzufechten. Aber jetzt muss ich erst mal gehen."

Die vier jungen Christen, die von der Hoffnungslosigkeit des Lebens unter der Hamas frei geworden waren und Jesus lieb gewonnen hatten, sahen traurig ihren Mentor an. Wäre Ali nicht in den Gazastreifen gekommen, hätten sie jetzt wahrscheinlich allesamt das Leben eines Terroristen geführt – ein Leben in ständiger Angst, in dem man seine eigene Angst verdrängt, indem man anderen noch mehr Angst einjagt. Ali hatte sie aufgebaut in ihrem neuen Glauben; jetzt müssten sie füreinander Lehrer im Glauben sein.

Dschamal war die ganze Zeit still gewesen. Die anderen sahen, wie er den Fußboden musterte, tief in Gedanken. Nach einer vollen Minute kratzte er sich nervös am Kinn und sah zu Ali Abdel Masih auf.

„Ali, ich möchte, dass du mich taufst. Das ist doch so üblich für Christen, nicht?"

Ali nickte.

„Ich weiß nicht, auf was ich gewartet habe." Dschamal schüttelte den Kopf. „Aber ich habe gerade in der Apostelgeschichte gelesen, wie Petrus Menschen, die sich bekehrt hatten, taufte. In Cäsarea, gar nicht weit von hier an der Küste. Ich schäme mich meines Glaubens nicht und ich habe keine Angst. Ich möchte im Mittelmeer getauft werden – heute Nacht noch! Wenn sie uns umbringen, bringen sie uns um."

Ali holte tief Luft und sah lächelnd Dschamal an, dann die anderen drei Männer. „Wenn noch mehr von euch dabei sein wollen: Der Treffpunkt ist um ein Uhr, hinter dem Al-Salam-Restaurant. Aber vergesst nicht: Wenn die Hamas uns sieht, kommen wir wahrscheinlich nass in den Himmel."

Isam sprang die sandige Böschung bei der Mole hinunter und marschierte den Strand entlang zum Al-Salam-Restaurant. Gute hundert Meter weiter, auf der Südseite des Restaurants, wo der Strand schmaler wurde, standen vier Männer. Dschamal hatte sich die Nacht für seine Taufe gut ausgesucht. Der Mond schien nicht, und die Küste war so dunkel, dass es das Nachtsichtgerät einer israelischen Drohne brauchte, um die fünf ohne Probleme auszumachen. Das einzige Geräusch war das sanfte Rauschen der Brandung.

Ali, der strikt darauf achtete, dass sie sich nie zweimal am gleichen Ort trafen, hatte auch die Stelle für die Taufe gut ausgesucht. Hier war der Strand vom sandigen Hang bis zur Brandung kaum fünfzehn Meter breit, was es noch unwahrscheinlicher machte, dass jemand sie vom Festland aus sehen würde.

Isam kam als Letzter, exakt um ein Uhr. Mehrere Minuten verbrachten er und Dschamal, Mahmoud, Abdul und Ali in stillem Gebet, dann öffnete Ali wieder die Augen und schaute die vier Männer an, in die er die letzten beiden Jahre sein Leben investiert hatte. Bald würden sie erfahren, dass ab morgen Gottes Werk in Gaza in ihren Händen lag.

„Amen, Brüder", sagte Ali leise. Dann zeigte er mit dem Finger auf das Meer.

Die fünf gingen rasch in die Wellen hinein, bis das Wasser hüfttief war. Dann legte Ali seine rechte Hand über Dschamals beide Hände, die dieser auf der Brust gefaltet hatte, und seine linke Hand zwischen seine Schulterblätter. Mit einer sachten, aber festen Bewegung der rechten Hand drückte er den jungen Christen ins Wasser.

„Dschamal, mein Bruder, ich taufe dich im Namen des Vaters und des Sohnes und des Heiligen Geistes."

Er wiederholte das mit jedem der drei anderen Männer, dann verließen die fünf ohne ein Wort den Strand so, wie sie gekommen waren, jeder in eine andere Richtung.

Eine Stunde später waren Dschamal, Abdul, Mahmoud, Isam und Ali wieder zusammen. Diesmal saßen sie in einem Kreis auf dem Lehmfußboden von Abduls Wellblechhütte im Flüchtlingslager Dschabalia. Selbst jetzt, um zwei Uhr morgens, lugten dann und wann Augen durch die Ritzen in den Wänden, worauf die fünf jedes Mal das Thema wechselten und über ihre Lieblingsfußballmannschaft – Real Madrid – sprachen.

Als wieder einmal ein Augenpaar verschwunden war, murmelte Abdul: „Ich fürchte, meine Verwandten haben Verdacht geschöpft. Ich bin mir fast sicher, dass ich gestern gehört habe, wie jemand das Wort ‚abtrünnig' benutzte. Wir dürfen hier nur noch flüstern."

„Ja." Ali seufzte. „Was es mir noch schwieriger macht, euch zu erklären, warum ich euch so bald wiedersehen wollte." Er musterte die vier Gesichter, die ihn ansahen. „Morgen muss ich den Gazastreifen verlassen."

Die vier Augenpaare weiteten sich.

„Am Nachmittag, nach unserem Treffen, habe ich den nächsten Anruf gekriegt, vom Konsulat. Ich muss sofort fliegen."

Dschamal schloss die Augen und rieb sich die Stirn. Die anderen drei starrten Ali schweigend an.

„Diese Arbeit hier liegt ab sofort in euren Händen. Jeder

von euch wohnt in einem anderen Flüchtlingslager. Das war natürlich so geplant. Wir haben also Brüder in Dschabalia, Al-Schati, Deir al-Balah und Al Bureidsch. Aber es gibt immer noch vier andere Lager, in denen das Licht des Evangeliums noch nicht leuchtet. Ich werde darum beten, dass es jedem von euch gelingt, je einen neuen Christen zu schulen, der dann in diesen Lagern eine neue Gemeinde gründet."

Er beugte sich näher zu seinen Freunden und fuhr fort: „Jeder von uns hat einen anderen Weg hinter sich, aber wir waren alle Muslime. Wir brauchten dringend die Befreiung aus unseren Ketten, als wir Jesus kennenlernten. *Er* ist es, der euch aus dem Islam herausgezogen hat, nicht ich.

Anfangs hattet ihr eine riesige Angst davor, anderen Muslimen von eurem Glauben zu erzählen, aber schaut euch an, was heute aus euch geworden ist! Ihr wohnt in Flüchtlingslagern, in denen muslimische Fanatiker das Sagen haben. Mahmoud, du hattest eine solche Angst um *mich,* dass du es mir immer ausreden wolltest, mit Muslimen über Jesus zu reden. Und heute? Riskierst du dein Leben für Jesus. Er hat dich furchtlos und weise gemacht."

Ali unterbrach sich und schaute auf den Boden, dann hob er beide Hände, mit den Innenflächen nach oben. „Warum wurde ich in Amerika geboren und ihr alle in Gaza? Ich weiß es nicht, aber heute hat unser Leben ein neues Ziel. Jesus hat den Abscheu für den Islam, den wir spürten, als wir uns zu ihm bekehrten, durch Mitleid ersetzt und durch den tiefen Wunsch, seinen Namen unter den Muslimen bekannt zu machen. Früher habt ihr den weltweiten Dschihad unterstützt und wart ideale Kandidaten für die Hamas, den Islamischen Dschihad oder den IS. Und jetzt? Jetzt wollen wir diesen Terroristen Jesus weitergeben."

Seine vier Zuhörer nickten ernst.

„Brüder, Terroristen brauchen Jesus. Bleibt stark und bleibt zusammen. Eine große Verfolgung steht bevor. Wir wissen wohl alle, dass es der Hamas vor allem um Geld und politische Macht geht. Ihre politischen Führer bereichern sich, indem sie als die großen ‚Zerstörer des Zionismus' auftreten. Sie kaufen sich eine Strandvilla nach der anderen. Ihren islamischen Glauben holen sie nur dann aus der Tasche, wenn sie meinen, dass er ihnen nützlich ist.

Aber *hütet euch vor den Salafisten.* Sie sind die eigentlichen Fanatiker. Auch mit dem Islamischen Dschihad ist nicht zu spaßen. Es geht uns heute wie den Israeliten im Alten Testament. Wir sind von Feinden umzingelt, wie David im 52. Psalm, wenn er sagt: ‚Mit deinen Worten verletzt du andere wie mit einem scharfen Messer, du Lügner! Du liebst das Böse mehr als das Gute ... Ich aber darf wachsen und gedeihen wie ein Ölbaum, der im Schutz des Tempels grünt'" (Psalm 52,4-5+10).

Ali lehnte sich zurück, legte die Hände zusammen und hob sie an die Lippen. „Denkt an diesen Vers, wenn ihr das nächste Mal einen Ölbaum seht. Der Ölbaum ist eine Verheißung, die Gott den Israeliten gab, bevor sie das Land einnahmen, und er ist auch eine Verheißung für euch. Der Ölbaum ist uralt und er ist ein Symbol der *Beständigkeit.* Die Olivenbäume hier in Gaza kommen aus Wurzeln, die weit über tausend Jahre alt sind – vielleicht sogar zweitausend. Sie sind nicht kaputt zu kriegen. Und ihr auch nicht! Solange der Tag noch nicht da ist, wo Jesus euch zu sich holt, seid ihr kugelsicher."

Ali machte eine Pause, um die Worte wirken zu lassen.

„Und noch etwas: Wenn man von einem Ölbaum einen Zweig abhaut, kann man ihn noch Monate später in die Erde pflanzen, und er wird wieder wachsen. Wenn ihr also voneinander getrennt werden solltet, dann denkt daran: Es ist nicht alles aus. Gott wird euch wieder zusammenführen – in diesem Leben oder in der Ewigkeit."

Die fünf Männer legten, immer noch im Kreis sitzend, einander die Hände auf die Schultern und begannen zu beten. Dann fingen sie einer nach dem anderen an zu weinen, Dschamal zuerst. Er, Abdul, Isam und Mahmoud wussten, dass sie gerade alle das Gleiche dachten: Würden sie Ali je wiedersehen?

Gegen zwölf Uhr Mittag des folgenden Tages saß Ali in einem Café in Jad Mordechai, einem Kibbuz auf der israelischen Seite der Grenze, und trank einen Kaffee. Am Grenzübergang Eres hatte er vergeblich nach dem Gesicht von Aaron Ausschau gehalten. Kurz, nachdem er das kleine Restaurant betreten hatte, vergrößerte sich sein israelischer Bekanntenkreis, als er sich mit drei der dort zu Mittag essenden israelischen Soldaten anfreundete. Mit Staunen hörten sie sich seine Geschichten über das Leben im Gazastreifen an. Ihr Staunen wuchs noch, als er sein früheres Leben als muslimischer Extremist beschrieb. Sie waren nicht weniger sprachlos als Aaron, während Ali erzählte, wie Jesus sein Leben neu gemacht hatte.

Die nächsten vier Jahre war Ali weiter der geistliche Begleiter von Dschamal, Abdul, Isam und Mahmoud. Sie hielten den Kontakt über Internet und Telefon, und Ali baute sie durch Bibelstellen und Gebete auf. Seine Schüler berichteten ihm immer wieder über das wachsende Elend des Lebens im Gazastreifen. Jetzt, wo die Hamas die offizielle Regierung der Enklave war, fragten die vier Männer sich, ob sie je eine Chance haben würden, die Welt außerhalb ihres knapp zehn

Kilometer breiten und vierzig Kilometer langen Gefängnisses zu sehen.

Unter der korrupten Herrschaft der Hamas ging es weiter abwärts mit dem Gazastreifen, und Dschamal, Mahmoud, Abdul und Isam rüsteten sich für die Verfolgungswelle, die bestimmt bald kommen würde. Es war – was typisch für die lange Geschichte der Christenverfolgungen war – ein einziges Vorkommnis, das die Explosion auslöste: Zwei Leute der Hamas hatten eine nächtliche Taufe am Strand beobachtet.

Am nächsten Morgen kniete Dschamal Ramadan auf dem Fußboden einer schmuddeligen Baracke im Zentrum des Flüchtlingslagers Al-Schati. Ein bärtiger Mann mit verschwitztem Gesicht, der irgendwo zwischen zwanzig und dreißig sein mochte, bückte sich zu ihm hinunter, bis er ihm in die Augen sehen konnte, und schrie: „Wie heißen die Männer, die in der Nacht bei der Taufe waren?" Die Lautstärke sollte nicht nur auf Dschamal Eindruck machen, sondern auch auf alle draußen, die gerade in Hörweite waren.

Dschamal schwieg.

„Du bist ein dreckiger zionistischer Spion", fuhr der Mann fort, „und das wirst du jetzt büßen! Deine Familie wird sterben, aber erst, wenn wir dich fertig gefoltert haben."

Der Mann richtete sich wieder auf und schaute zu den anderen drei Männern in dem Raum hin, die zustimmend nickten. Dann schrie er Dschamal wieder an: „Das hier ist deine letzte Chance! Das Christentum ist eine Religion für Verlierer! Der Islam wird die Welt beherrschen! Wir sehen das jetzt schon und du wirst es auch sehen – wenn du lange genug lebst. Sag Jesus Christus ab!"

Dschamal schaute lächelnd zu seinem Ankläger hoch und flüsterte seine Antwort: „Niemals."

Einer der Hamas-Schergen zog aus einem Gurt auf seinem

Rücken eine selbst gemachte Peitsche hervor. „Wenn du Jesus so liebst, dann kriegst du auch Schläge wie er! Wir setzen unser Verhör mit vierzig Hieben fort."

Dschamal zuckte unter dem ersten Hieb zusammen.

Nach dem vierzigsten stöhnte er leise, aber behielt seine Fassung.

Am anderen Ende der Stadt stürzte Abdul aus seiner Haustür hinaus und landete mit dem Gesicht nach unten auf der belebten Straße, während sein Onkel den zweiten Schuss abfeuerte. Der erste hatte sein linkes Ohr gestreift, als er auf dem Fußboden seiner Bruchbude in Dschabalia saß. Er ließ sich hinter einen ein paar Schritte entfernt geparkten Eselskarren rollen, dann sprang er auf die Füße und rannte im Zickzack zur Salah-al-Din-Street. In eine belebte Straße würde sein Onkel – hoffentlich! – nicht feuern. Während er um ein Haus an der Straßenecke sprintete, drückte er die Kurzwahlnummer 2 auf seinem Handy.

„Mahmoud! Ich bin unterwegs zu dir! Bist du in Deir al-Balah? Mein Vater hat mir heute Morgen seinen Bruder auf den Hals geschickt, der beim Islamischen Dschihad ist. Ich hätte mir das denken können." Abdul beschrieb den Überfall und wie der Onkel ihn zweimal knapp verfehlt hatte. „Nach Hause kann ich nicht mehr!"

„Ich bin hier und warte auf dich, Bruder. Aber ich mache mir Sorgen um Dschamal. Er ruft mich sonst jeden Morgen zum Gebet an, bevor wir unseren Gebetsspaziergang durch das Lager beginnen, aber heute hat er sich nicht gemeldet. Ich wollte schon nach Al-Schati gehen, aber die Sache ist mir nicht geheuer. Da ist was mit Dschamal. Wir sollten fasten, bis wir von ihm gehört haben."

„Ich hab auch versucht, Dschamal anzurufen, Mahmoud.

Als keiner abnahm, habe ich's bei seinem Bruder versucht. Der klang so komisch am Telefon. Erst wollte er wissen, wo ich war, und dann fragte er, ob ich nach Al-Schati kommen wollte, um auf Dschamal zu warten. Ich traue dem nicht, da ist was faul. Es klang auch so, als ob im Hintergrund jemand lachte – aber nicht so wie bei einem guten Witz. Wir müssen zusammenhalten. Kannst du Isam Bescheid geben?"

„Ja. Ich rufe ihn gleich an, wenn wir aufgelegt haben."

Mit einem raschen Blick über die Schulter vergewisserte Abdul sich, dass niemand ihm folgte. „Mahmoud, bei meinen Verwandten bin ich unten durch, Dschamal ist verschwunden und die Lage in Gaza gerät außer Kontrolle. Ich glaube, bald gibt's hier Krieg. Erst haben sie die drei Jeschiwaschüler in Israel umgebracht, dann fand man die Leiche von dem ermordeten arabischen Kind. Dann noch die arabischen Unruhen in ganz Israel und der Dauerbeschuss mit den Hamas-Raketen – ich frage mich, wie lange die Israelis noch zuschauen, bevor ihre Armee kommt und Gaza plattmacht."

„Das frage ich mich auch, Abdul. Aber jetzt müssen wir erst wissen, was bei *uns* los ist. Ich rufe gleich Isam an."

Isam zuckte vor Schmerzen zusammen, als er nach seinem Handy auf dem Nachttisch langte. „Hallo, Freund."

„Isam, bist du okay? Dschamal ist verschwunden, und Abdul und ich haben Angst, dass er tot ist. Abdul hätte es heute Morgen beinahe erwischt. Sein Onkel hat zweimal auf ihn geschossen, aus nächster Nähe; ich glaube, unser Herr hat die Kugeln umgelenkt. Dschamal ist unterwegs zu mir hier in Deir al-Balah; in Dschabalia ist es gerade zu heiß für ihn."

Isam erwiderte mit schwacher Stimme: „Ich bin gerade im Krankenhaus, Mahmoud. Heute Morgen bin ich Brot einkaufen gegangen. Auf dem Rückweg nach Al Bureidsch haben ein paar Typen mich überfallen. Sie haben mich zusammengeschlagen und mir drei Messerstiche versetzt. Sechs von ihnen haben dabei Suren über die ‚Ungläubigen‘ rezitiert. Es waren Salafisten, aus der Gruppe Abu Bakir al-Ansari. Ich hatte keine Chance. Mahmoud, ich habe gedacht, ich bin ein toter Mann. Habe die Augen geschlossen und mein Leben Jesus in die Hände gelegt."

Isam hielt inne, er kämpfte mit den Tränen. „Weißt du noch, was Ali damals gesagt hat? Dass wir so lange kugelsicher sind, bis Gott uns zu sich holt?"

„Ja", erwiderte Mahmoud nachdenklich. „Doch, ja."

„So plötzlich, wie die sich auf mich gestürzt haben, sind sie wieder weggerannt. Einfach so. Als ob sie vor irgendjemand oder irgendetwas Angst hatten. Hat Gott da seine Engel geschickt?" Isams Stimme wollte brechen. Er flüsterte: „Heute habe ich ein Wunder erlebt."

Mahmoud pfiff durch die Zähne. „Wow!"

„Wenn ich je Zweifel hatte, dass Gott uns in Gaza haben will, dann sind sie jetzt weg." Isams Stimme wurde fester. „Guck dir doch nur an, was wir in den letzten Stunden erlebt haben. Ali hat uns doch gewarnt, dass eine große Verfolgung kommt." Isam schaute sein Telefon an. „Und du, Mahmoud? Was ist dir passiert?"

„Mir! Nichts, außer dass ich gestern Abend richtig fiese Kopfschmerzen hatte."

„Mahmoud." Isam kicherte. „Bist du ganz sicher, dass du mit Jesus gehst? Nur *Kopfschmerzen?*"

„Ich weiß, das ist nichts Berühmtes." Mahmoud kicherte auch, dann fuhr er fort: „Warte mal, ich ruf eben Abdul an, dann können wir drei zusammen für Dschamal beten."

Isam hörte, wie Mahmoud die andere Nummer wählte

und Abduls Stimme im Telefon kam. Die drei beteten für Dschamal. *Jesus, behüte und bewahre ihn …*

Ich will sterben.

Als Dschamal am Morgen nach den ersten Peitschenhieben aufwachte, brannte sein Rücken wie Feuer. Er wusste nicht, dass das nur der Anfang war. Jeder der Salafisten brannte darauf, an die Reihe zu kommen und den „Ungläubigen" zu schlagen. Es lagen noch sechs weitere Foltertage vor Dschamal.

Mahmoud, Isam und Abdul verbrachten diese Woche mit Fasten und Beten und der Hoffnung, dass Dschamal sich melden würde. Isam erlebte eine Tortur der anderen Art, als er trotz seiner Schmerzen zu Fuß vom Krankenhaus zu dem vereinbarten Treffpunkt in der Stadtmitte von Gaza humpelte, wo Mahmoud und Abdul auf ihn warteten. Das leer stehende, ausgebombte Haus wurde ihr neuer Unterschlupf.

Am Donnerstagabend, dem dritten Tag in dem Haus, kam er, der Krieg. Israelische Kanonenboote beschossen das Südende des Gazastreifens, während Panzer in den Norden rollten. Israelische Truppen überrollten den Landstreifen, um die Hamas zu zerstören.

In dem allgemeinen Durcheinander ließen Dschamals Peiniger ihn in seiner Folterkammer allein, und der schwer verletzte Nachfolger Jesu konnte unbehelligt durch die Tür nach draußen gehen. Er kniff die Augen zusammen gegen die blendenden Blitze der Explosionen und Geschossgarben über der Skyline der Stadt. Zu geschwächt, um weit zu gehen, machte er sich in einer Nebengasse ein Nachtlager auf einem Schutthaufen.

Am Freitagmorgen wachte Mahmoud als Erster auf. „He, Leute." Er rüttelte Abdul und Isam wach. „Draußen schneit's."

„Mahmoud." Abdul gähnte. „Hör auf mit deinen Späßen. Ich bin müde."

„Aber es sieht wirklich wie Schnee aus! Ich glaube, die israelische Armee will uns was sagen. Sie werfen Flugblätter ab."

Mehrere Blätter flogen durch die Reste der einen Wand. Mahmoud packte eines. Es war auf Arabisch beschrieben.

„Alle herhören: ‚Für die Bürger von Gaza: Halten Sie zu Ihrer eigenen Sicherheit Abstand von Hamas-Kämpfern und -Stellungen sowie von denen anderer Terrororganisationen, ab heute Morgen zehn Uhr.' Mahmoud hielt seinen Freunden das Blatt hin. „Wir müssen umziehen, Brüder, hier ist es nicht mehr sicher."

Abdul und Isam setzten sich auf dem Zementboden auf und reckten sich. Mahmouds Mobiltelefon klingelte.

„Hm, die Nummer kenne ich nicht." Mahmoud beäugte sein Handy. Sollte er den Anruf annehmen? Er drückte den Knopf – und sein Unterkiefer klappte nach unten, als er die Stimme erkannte. „Dschamal! Du lebst! Preist den Herrn!"

Er drückte auf Lautsprecher und Dschamals Stimme kam aus dem kleinen Lautsprecher. Sie klang schwach und die drei steckten die Köpfe zusammen, um ihn zu verstehen.

Isam flüsterte: „Danke, Jesus."

Nach Dschamals ersten Worten konnte Abdul nicht mehr an sich halten; er sprang auf und begann, durch den Raum zu tanzen. Doch seine Begeisterung verflog, als Dschamal seine Folter und Flucht beschrieb.

„Sie haben mich ausgepeitscht, mit Holzlatten geschlagen und mit Feuerzeugen versengt. Ich habe seit einer Woche nichts mehr gegessen. Sie waren hinter euren Namen her, aber ich habe sie nicht verraten. Jesus hat mir Kraft gegeben." Dschamals Stimme wollte brechen. „Ich habe zu ihm gerufen, dass er mich heimholen soll, aber als die israelische Armee kam, ist alles in Al-Schati weggerannt. Ich bin einfach so aus dem Haus spaziert, wo sie mich gefangen gehalten haben, und keiner hat was gesagt."

„Wo bist du jetzt?" Mahmoud schrie es fast, so aufgeregt war er.

„In Gaza-Stadt. Heute Morgen, ziemlich früh, ist ein Wildfremder vor mir stehen geblieben. Er dachte wohl, ich hätte gegen die Israelis gekämpft. Er hat mich mit in seine Wohnung genommen. Dort durfte ich duschen, und dann hat er mir meine Blessuren verbunden.

Ich muss mich ein, zwei Tage ausruhen. Mein ganzer Körper ist ein einziger blauer Fleck." Dschamal hielt inne und überlegte, wie er fortfahren sollte. „Ich glaube, als die mich da gefangen gehalten haben, hat Gott mir was gezeigt. Die Menschen in Gaza sind verzweifelt. Der militärische Krieg hier unten ist nur ein Spiegel des geistlichen Kampfes in der unsichtbaren Welt. Ich glaube, Jesus hat uns – uns alle vier – an diesen Ort gestellt, damit wir etwas tun … Wo können wir uns treffen und einen Plan machen? Ich hätte da ein paar Ideen."

Die vier Gaza-Christen erkannten in der Operation, mit der das israelische Militär die Hamas ausschalten wollte, eine gewaltige Chance, das Evangelium weiterzugeben. Dschamal, Mahmoud, Abdul und Isam begannen ihre eigene Operation, um das Reich Gottes nach Gaza-Stadt und in die Flüchtlingslager im Norden des Gazastreifens zu bringen. Sie beteten mit den Menschen, gaben obdachlos Gewordenen zu essen und zu trinken und fanden viele Gelegenheiten, diskret das Licht von Jesus in der Finsternis leuchten zu lassen.

Die ständigen israelischen Bombenangriffe waren unberechenbar und zermürbend für die Menschen in Gaza. Doch die Zerstörungen des Krieges boten ein weites Feld für praktizierte Barmherzigkeit. Und die Gräueltaten der Hamas nicht minder. Wenn Palästinenser aus Gebäuden flüchteten, die das Ziel der nächsten israelischen Bombardements waren, wurden sie routinemäßig von der Hamas erschossen. Die Hamas nutzte die Flugblattwarnungen weidlich aus, um besagte Gebäude zur Todesfalle für Zivilisten zu machen. Deren Tod konnte sie dann im Propagandakrieg gegen Israel dem jüdischen Staat in die Schuhe schieben.

Dschamal, Mahmoud, Abdul und Isam richteten sich ihr neues Quartier in einem weitgehend zerstörten Haus im Zentrum der Stadt ein, einen Block vom Al-Schifa-Krankenhaus entfernt. Dann hieß es gerüchteweise, dass unter dem Krankenhaus ein Bunker mit Raketen und Abschussrampen lag, worauf die vier ein paar Straßen weiterzogen, in ein anderes Gebäude, das in einem bedenklichen Zustand war.

Die fast pausenlosen Feuergefechte und die immer neuen israelischen Bomben und Raketen brachten ihnen eine schlaflose Nacht nach der anderen. Zwei Stunden Schlaf waren bereits ein Luxus. Doch die vier machten das Beste aus den durchwachten Stunden. Den Großteil der Nächte verbrachten sie im Gebet. Die vielen Menschen, die aus ihren Häusern geflüchtet waren, bedeuteten, dass sie in ihrer Ruine nicht mehr alleine waren. Aber die vier Christen riefen furchtlos zu Jesus, obwohl sie wussten, dass die Wände jetzt Ohren hatten. Die Bürger von Gaza waren Menschen ohne Hoffnung, und diese inbrünstigen Gebete waren Balsam für ihre geplagten Seelen.

Die vier Männer beteten für die anderen palästinensischen Christen – für die in den „offiziellen" Kirchen wie für die ehemaligen Muslime, die sich im Untergrund versammelten. Sie beteten für die christlichen Brüder und Schwestern beim israelischen Militär (sie kannten einige!) und für ihre Bewahrung in diesem Krieg. Doch wenn sie dann zur Hamas und den anderen islamischen Terrorgruppen kamen, hatten sie ein sehr spezielles Gebet: „Herr, rette sie, entmachte sie *oder töte sie.*"

Die israelische Bodenoffensive schien wenig Wirkung auf den Raketenterror der Hamas zu haben, aber viele Terroristen wurden in den heftigen Kämpfen systematisch aufgespürt und getötet. Man raunte sich zu, dass sich die oberste Hamas-Führung irgendwo außerhalb Gazas an einem sicheren Ort versteckt hielt, aber ihre finstere Herrschaft über die Stadt war ungebrochen. Hamas-Kämpfer verschleppten unschuldige palästinensische Bürger in Terroristenstellungen, damit sie durch israelische Bomben umkamen. Während der Rest der Welt von „Frieden im Nahen Osten" sprach, erlebten die Bürger von Gaza, wie ein Waffenstillstandsabkommen nach dem anderen von neuerlichen Raketensalven zunichtegemacht wurde. Würde „Friede" jemals mehr sein als nur ein Wort?

Einen Monat nach Beginn des Krieges kam der Friede – zumindest zu Mahmoud Nadschar.

Eine Botschaft von Ali

Unser lieber Mahmoud ist viel früher, als wir gehofft hatten, zu Jesus gegangen, und wir wissen immer noch nicht, woher die Explosion kam, die ihn tötete. War es eine israelische Bombe? Oder eine Hamas-Rakete, die vor dem Start explodierte? In dieser Welt werden wir es vielleicht nie erfahren.

Was wir wissen, ist, dass Mahmoud das Böse, die Zerrissenheit und das hoffnungslose Elend des Gazastreifens gegen einen viel besseren Ort eingetauscht hat. Er mag keinen Märtyrertod gestorben sein wie manche anderen, aber als er am letzten Tag seines Lebens in das Flüchtlingslager Deir al-Balah ging, wollte er den Menschen dort Jesus bringen. Und dann war er nicht mehr.

Mahmoud geht es gut – Gaza nicht. Es gab eine Zeit, da stand der Gazastreifen für mich für all das Böse und Falsche im Islam. Von außen betrachtet, sind die Flüchtlingslager nichts als muslimische Ghettos in den Händen fanatischer Dschihad-Kämpfer. Doch innen sieht es anders aus, und ich habe nach und nach gelernt, dass Jesus selbst in den schlimmsten Situationen so gegenwärtig sein kann, dass es nur zum Staunen ist.

In diesen Lagern wohnen *Menschen* – Menschen, die wie alle anderen auch als Ebenbild Gottes erschaffen sind. Seit Jahrzehnten ist ihr Leben ein großes Elend, und nachdem ich dieses Elend hautnah miterlebt habe, bin ich zu dem Schluss gekommen, dass der Konflikt mit menschlichen Mitteln nicht zu lösen ist. Geistliche Probleme lassen sich nicht politisch lösen.

Israelis und Palästinenser befinden sich in einer Sackgasse. Die Israelis brauchen einen Staat, der sicher ist, die Palästinenser ein echtes Zuhause. Die israelischen Kinder, die in der Nähe von Gaza wohnen, haben ihren Schulunterricht oft in Luftschutzbunkern. Muslimische Fanatiker missbrauchen die Palästinenser, um den jüdischen Staat zu terrorisieren, und viele Palästinenser fristen ein jämmerliches Dasein in Flüchtlingslagern.

Der Hass der Extremisten auf Israel kennt keine Grenzen, und die Menschen im Gazastreifen sind ihnen egal. Sie betrachten sie als bloße Schachfiguren in ihrem Kampf gegen den israelischen Staat. Es gibt so viel unnötiges Sterben in

Gaza. Israel hätte eigentlich die Anerkennung der Welt für seine große Geduld verdient. Die ständigen Raketenangriffe der Hamas haben die Menschen in Aschdod, Aschkelon und Sderot in permanente Alarmbereitschaft versetzt. Wenn die israelische Armee nach sehr, sehr vielen Hamas-Angriffen schließlich reagiert, ist dies meist nicht ein Fall von „Auge um Auge" (2. Mose 21,24), sondern eher eine Vergeltungsaktion für eine große Zahl von Provokationen – aber Krieg ist nie gerecht. Die Menschen in Gaza und im Westjordanland fühlen sich vom Rest der Welt im Stich gelassen. Es heißt manchmal, dass die Öleinnahmen Saudi-Arabiens von nur *einem Tag* ausreichen würden, um jedem Palästinenser in Israel und dem Rest des Nahen Ostens eine anständige Wohnung zu bauen – aber erwarten Sie nicht, das die saudische Regierung je *so einen* Scheck unterschreibt …

Doch Gottes Herz ist groß genug, um Palästinenser und Juden zu lieben. Die Lösung heißt Jesus. Allein er kann die Wunden in den Herzen heilen und den geistlichen Kampf gewinnen. Dschamal, Abdul, Isam und Mahmoud zeigen uns, was aus Menschen werden kann, die von Jesus erlöst sind. Er hat ihre Herzen mit Liebe für die Araber *und* die Juden erfüllt.

Und wir? Was sollen wir tun? Beten Sie für die Palästinenser. Beten Sie für die Juden. Und beten Sie darum, dass Gott mir eine Tür öffnet zur Rückkehr in das größte Gefängnis der Welt, das für immer mein Herz gewonnen hat: den Gazastreifen.

Schlussfolgerungen

Die Apostel waren die Ersten unter den Anhängern des neuen „Weges", die mit der Staatsmacht in Konflikt kamen und deshalb inhaftiert und ausgepeitscht wurden. Wie es heißt, waren sie „voller Freude darüber, dass Gott sie dazu auserwählt hatte, für Jesus Verachtung und Schmerzen zu ertragen" (Apostelgeschichte 5,40-41). Die verfolgten Christen heute, die das neue Gesicht der Christenheit repräsentieren, haben den gleichen Geist, und ihre Botschaft an uns lautet: „Habt kein Mitleid mit uns."

Nein, sie haben uns ihre Geschichten nicht mitgeteilt, um Mitleid zu bekommen. Sie leben ein erfülltes, sinnvolles Leben. Ihre Freude ist ansteckend. Sie sagen Ja zu ihrer hohen Berufung und dem Risiko, das diese mit sich bringt. Ihre Leiden und Prüfungen sind kein böser Zufall. Wie ich in der Einleitung zu diesem Buch schon sagte: *Anscheinend gedeiht Jesu Botschaft von der Liebe und Versöhnung besonders gut in einem Klima, das durch Feindschaft, Gefahr und Martyrium gekennzeichnet ist.* Für uns, die wir Jesus in den westlichen Ländern nachfolgen, sind Feindschaft, Gefahr und Märtyrertum Dinge aus einer anderen Welt. Aber für die Menschen im Nahen Osten und vielen anderen Ländern der Welt ist Christsein gleichbedeutend mit einem Leben in extremer Gefahr. Doch auch wenn wir selbst keine Feindschaft, Gefahr und Märtyrertum erleiden, *leiden* tun auch wir. Wussten Sie das schon?

Paulus war als junger Mann selbst ein Christenverfolger, aber er beendete sein Leben als Märtyrer. Neben Jesus ist im Neuen Testament Paulus das zweite große Beispiel für Leiden und Verfolgung. Im 1. Korintherbrief schreibt er: „Leidet ein

Teil des Körpers, so leiden alle anderen mit" (1. Korinther 12,26).

Unsere Beziehung zu den Christen, die in Verfolgung leben, ist stärker, als Sie vielleicht gedacht haben: Wenn einer leidet, leiden alle. Das ist der Grund, warum Sie möglicherweise in der letzten Zeit solch eine Wut oder Hilflosigkeit verspürt haben gegenüber all dem Bösen in der Welt und den weltweiten Kampagnen gegen Christen, die Sie durch die Medien mitbekommen.

Solche Reaktionen sind vollkommen normal und wir sollten sie haben. Diese Angriffe richten sich ja gegen unsere Brüder und Schwestern – und letztlich natürlich gegen Jesus selbst.

Jetzt sind wir dran!

Wir sind in diesem Buch ein bisschen in den Untergrund eingetaucht. Die Geschichte geht weiter, und jetzt sind wir gefragt. Unsere Brüder und Schwestern brauchen uns – vielleicht mehr denn je zuvor.

Mag sein, dass wir nie durch das läuternde Feuer der Verfolgung werden gehen müssen, aber eines müssen wir auf jeden Fall: die begleiten, die in diesem Feuer sind. Wie können Sie (wir) das machen? Wie können wir die Verbindung mit unseren Brüdern und Schwestern im Untergrund pflegen?

Zwei Schlüsselfragen

Im 1. Kapitel meines vorherigen Buches, *Träume und Visionen,* stellt Kamal Assam, ein ägyptischer Jünger Jesu, zwei Fragen. Er richtet sie an Noor, eine Muslimin und Mutter von acht Kindern, die Träume über Jesus hatte. Noor möchte unbedingt Jesus nachfolgen, aber Kamal will ganz sichergehen, dass sie weiß, worauf sie sich da einlässt, und so fragt er sie:

- Bist du bereit, für Jesus zu leiden?
- Bist du bereit, für Jesus zu sterben?

Ich glaube, diese beiden Fragen sind ein Muss für jeden, der heute Jesus nachfolgen will, egal, in welcher Ecke dieses Planeten er wohnt. Während ich diese Zeilen schreibe, frage ich mich, wie wir Christen je auf den Gedanken kommen konnten, dass Jesus nachzufolgen weniger von uns verlangen würde als diese völlige Hingabe. Wie konnte es mir passieren, dass ich diese fundamentale Tatsache übersehen oder gedacht habe, dass so etwas eben für ein paar ganz besondere Christen ist, aber doch nicht für *mich?*

Wenn wir diese beiden Fragen mit Ja beantwortet haben, werden alle anderen Probleme in unserem Leben klein. Und wenn wir sie noch nicht beantwortet haben – könnte das der Grund dafür sein, dass wir so viel Frust erleben und unser Glaube uns so fade und leer vorkommt?

Jesus hat gesagt: „Wer nicht bereit ist, sein Kreuz auf sich zu nehmen und mir nachzufolgen, der kann nicht zu mir gehören" (Matthäus 10,38). Ich weiß noch, was ich dachte, als ich diese Worte zum ersten Mal las: *Mann, was mussten diese Jünger und die Christen im 1. Jahrhundert durchmachen! Sie mussten bereit sein, an einem Kreuz zu sterben. Was bin ich froh, dass die Zeiten vorbei sind!*

Falsch! Die beiden Schlüsselfragen gelten für *alle* Christen, bis Jesus wiederkommt. Habe ich mir als Amerikaner eingebildet, dass *ich* nie in die Verlegenheit kommen werde, für meinen Glauben sterben zu müssen, weil wir doch die stärkste Militärmacht der Welt haben usw.? Dass für die Christen im Westen diese Option vom Tisch ist?

Nein, sie ist nicht vom Tisch. Sie ist nie vom Tisch gewesen, ob wir das gewusst haben oder nicht. Deshalb: Bevor Sie dieses Buch fertig lesen, stellen Sie sich diesen beiden Fragen und beantworten Sie sie, ein für alle Mal. Nehmen Sie sich zuerst Zeit, um Gott Ihr Herz prüfen zu lassen, und dann antworten Sie:

- Bin ich bereit, für Jesus zu leiden?
- Bin ich bereit, für Jesus zu sterben?

Wenn Sie diese Fragen ehrlich mit Ja beantworten können, stehen Sie an einem Wendepunkt Ihres Lebens mit Gott. Ab jetzt wird alles anders sein.

Sie haben uns gesegnet, jetzt sind wir dran

Bis Jesus wiederkommt, wird die Christenverfolgung auf der Welt immer stärker werden; immer mehr Christen werden Märtyrer werden. Sie haben in diesem Buch Ihre Brüder und Schwestern kennengelernt, die in großer Gefahr ihren Glauben leben, und wir hoffen, sie sind Ihnen ein Ansporn und Vorbild gewesen.

Und jetzt können *wir* etwas für *sie* tun.

Unsere Gebete sind ungeheuer wichtig für die Frontkämpfer. Aber ist es Ihnen auch schon passiert, dass in der Hektik des Lebens Ihre guten Vorsätze auf Nimmerwiedersehen von Ihrer Prioritätenliste verschwunden sind? Das ist der Grund, warum wir „8thirty8" gegründet haben. Immer mehr Christen machen bei dieser Initiative mit, die sie täglich mit den Untergrundkirchen in der Welt verbindet. Auch Sie können mitmachen; alles, was Sie brauchen, sind ein Wecker und ein Zugang zum Internet.

Bei 8thirty8 (zu Deutsch: 8-38) geht es um das gezielte Gebet für Christen, die in Not oder Gefahr sind. Und das funktioniert so: Stellen Sie jeden Tag Ihren Wecker (oder Smartphone) auf 20.38 Uhr. Wenn er klingelt, beten Sie für die Menschen, die wegen ihres Glaubens an Christus im Gefängnis oder anderweitig in Gefahr sind oder verfolgt werden. Achten Sie dabei darauf, dass Ihre Gebete präzise und aktuell sind und nicht das allgemeine „Herr, segne alle, die gerade für dich leiden müssen". Die nötigen Informationen erhalten Sie auf Englisch im Internet unter: www.facebook.com/8thirty8. Oder: http://www.mnnonline.org/tag/8thirty8/ oder auf Twitter. Dort können Sie sich ständig auf dem neuesten Stand halten.

Tägliche Gebetsanliegen von verfolgten Christen auf Deutsch finden Sie unter www.opendoors.de. Sie werden oft feststellen, dass Sie für jemanden beten, noch bevor sein Fall in die Medien gelangt (falls er überhaupt jemals dort erwähnt wird). Wir finden, genau so sollte es sein: dass die erste Reaktion auf eine Notlage innerhalb der großen Familie Jesu die Fürbitte durch andere Christen ist.

Über *8thirty8* können Sie Ihren verfolgten Brüdern und Schwestern sogar Gebete schicken und einen persönlichen Kontakt herstellen. Wir benutzen dabei, wie auch in diesem Buch, Decknamen, aber Sie können direkt Kontakt aufnehmen. Sie gehören ja zur selben Familie, und es ist Zeit, dass Sie sich kennenlernen.

Wie kam es zu *8thirty8*? Nun, Gott selbst rief diese Gebetsbewegung ins Leben, in Jerusalem, während eines Raketenbeschusses durch die Hamas. Ich hatte gerade über führende Christen in der Region gehört, dass in Ägypten Kirchen abgefackelt wurden, dass in Syrien Christen buchstäblich gekreuzigt wurden und in Teheran ein lieber Freund, der ebenfalls Pastor war, gerade die nächste Gefängnisstrafe bekommen hatte. Das Herz wurde mir schwer, aber Gott stillte meinen Schmerz, indem er mich aufforderte, zu beten und Römer 8,38-39 aufzusagen – und das Ergebnis war eine Gebetsbewegung für die verfolgte Kirche, die sich von Jerusalem aus wie ein Lauffeuer ausbreitete.

Die Verse 38 und 39 sind der Höhepunkt des 8. Kapitels des Römerbriefes. Sie sind die neutestamentliche Schlüsselstelle und eiserne Ration für Christen, die leiden müssen:

„Denn ich bin ganz sicher: Weder Tod noch Leben, weder Engel noch Dämonen, weder Gegenwärtiges noch Zukünftiges, noch irgendwelche Gewalten, weder Hohes noch Tiefes oder sonst irgendetwas können uns von der Liebe Gottes trennen, die er uns in Jesus Christus, unserem Herrn, schenkt."

Wenn um 20.38 Uhr Ihr Wecker klingelt, unterbrechen Sie das, was Sie gerade tun, und beten Sie für Ihre christlichen Brüder und Schwestern in aller Welt, die in Gefangenschaft, Verfolgung oder Gefahr sind. Denken Sie dabei an den Zeitunterschied. Bei den verfolgten Christen im Nahen Osten ist es, von Mitteleuropa aus gesehen, gerade später Abend, bei denen in China oder Nordkorea schon Morgen. Was wird der nächste Tag ihnen bringen? Neue Verfolgung? Vielleicht sogar den Tod? Sie können diese Gläubigen mit einem Segens- und Hoffnungsgebet in die Nacht bzw. in den neuen Tag schicken – und mit der Verheißung in Römer 8. Stehen Sie Ihren Brüdern und Schwestern zur Seite.

Auf unseren Reisen in den Nahen Osten, nach Afrika und Asien erleben meine Frau JoAnn und ich (Tom Doyle) immer wieder die große Dankbarkeit der Christen dort, wenn sie hören, dass ihre Brüder und Schwestern im Westen im Gebet an sie denken. Oft sagen sie uns: „Wir denken in Liebe an unsere Brüder und Schwestern in den USA und beten täglich für sie. Was für Gebetsanliegen habt ihr?"

Wenn wir das hören, gehen uns die Augen über. *Sie* beten für *uns* …

Eine Frage zum Schluss

In der Einleitung zu diesem Buch habe ich die Frage aufgeworfen, ob wir Christen den Kampf, der gerade tobt, gewinnen oder verlieren werden. Ich tat das vor dem Hintergrund, dass die meisten Menschen ihre Informationen nur aus den Nachrichtensendungen, der Zeitung oder der einen oder anderen Internetseite beziehen. Aber jetzt haben Sie die Front des heftigen geistlichen Kampfes, der in unserer Welt tobt, besucht und etwas von der Insider-Perspektive kennengelernt. Was meinen Sie? Stehen wir auf der Seite des Verlierers oder des Siegers?

Jesus hat gesagt: „Habt keine Angst vor den Menschen, die zwar den Körper, aber nicht die Seele töten können!" (Matthäus 10,28)

Paulus, der um diese Wahrheit wusste, schrieb: „Was also könnte uns von Christus und seiner Liebe trennen? Leiden und Angst vielleicht? Verfolgung? Hunger? Armut? Gefahr oder gewaltsamer Tod? … Mitten im Leid triumphieren wir über alles durch die Verbindung mit Christus, der uns so geliebt hat" (Römer 8,35+37).

Auf dem Fels dieser Wahrheit stehen Christen in aller Welt heute, die vor Gefangenschaft, Verfolgung, Gefahr, ja vor dem Tod stehen. Gemeinsam rufen sie: „Wir fürchten uns nicht!"

Ja, in all dem steht eines fest, dass Jesus siegt. Ihm allein gehört die Ehre. Und wie könnten wir, die wir ihm nachfolgen, dies anders nennen als eine unserer größten Stunden? Wir stehen auf der Seite des Siegers.

Der Dienst von Open Doors

Über 100 Millionen Christen leiden heute unter Benachteiligung und Verfolgung, weil sie sich zu Jesus bekennen. Einigen wird verboten, Gottesdienste zu besuchen oder sich zum Gebet zu versammeln. Andere werden wegen ihres Glaubens inhaftiert, gefoltert oder sogar ermordet. Open Doors setzt sich als überkonfessionelles christliches Hilfswerk seit über 60 Jahren weltweit für verfolgte Christen ein.

Wie es begann

1955 schmuggelte Anne van der Bijl auf die Bitte verfolgter Christen hin zum ersten Mal Bibeln hinter den Eisernen Vorhang. Über seine abenteuerlichen Reisen von Polen bis China berichtet der als „Der Schmuggler Gottes" bekannt gewordene Holländer in seiner gleichnamigen Autobiografie. Heute steht Open Doors verfolgten Christen in mehr als 50 Ländern zur Seite, vor allem in Asien und Afrika sowie dem Nahen und Mittleren Osten.

Schwerpunktbereiche unseres Dienstes

- Verteilung von Bibeln und christlichem Schulungsmaterial
- Ausbildung und Schulung geistlicher Leiter und Mitarbeiter der Untergrundgemeinden
- Gefangenenhilfe und Unterstützung von Familien ermordeter Christen
- Bereitstellung von Zufluchtsstätten für ehemalige Muslime, die Christen geworden sind
- Soziale Hilfsprojekte für mittellose Christen in der Verfolgung (Hilfe zur Selbsthilfe)
- Nothilfe in Kriegs-, Krisen- und Katastrophengebieten
- Öffentlichkeitsarbeit in Medien und Politik. Bitte um Gebet und Unterstützung an Christen in der freien Welt

So können Sie helfen

Bitte beten Sie für Ihre verfolgten Brüder und Schwestern im Glauben. Das ist das Erste, worum verfolgte Christen bitten. Bleiben Sie mit ihnen in Verbindung und zeigen Sie ihnen dadurch, dass sie nicht vergessen wurden. Open Doors schickt Ihnen hierfür unser kostenloses Monatsmagazin zu, mit konkreten Berichten, Glaubenszeugnissen und Unterstützungsmöglichkeiten sowie dem Gebetskalender mit konkreten Gebetsanliegen für jeden Tag. Und auf unserer Webseite finden Sie unter: www.opendoors.de/mediathek bewegende Kurzfilme „Gesichter der Verfolgung", in denen verfolgte Christen ihre Geschichte erzählen.

Bitte setzen Sie sich für verfolgte Christen ein. Sie können einen Referenten von Open Doors zu einem Vortrag oder einer Predigt in Ihre Gemeinde einladen, uns schreiben oder anrufen:

Open Doors Deutschland e. V.
Postfach 1142, 65761 **Kelkheim**
Telefon +49 (0)6195-6767 0
Telefax +49 (0)6195-6767 20
Internet: www.opendoors.de
E-Mail: info@opendoors.de
Postbank Karlsruhe,
BLZ 660 100 75, **Konto** 315 185 750
IBAN: DE 67 6601 0075 0315 1857 50
BIC: PBNKDEFF

Open Doors Schweiz
Case Postale 147
CH-1032 Romanel s/Lausanne
Telefon +41 (0)2173 101 40
Telefax +41 (0)2173 101 49
Internet: www.opendoors.ch
E-Mail: info@opendoors.ch
Postkonto Schweiz: 34-4791-0

www.facebook.com/opendoorsDE

Nik Ripken/Greg Lewis

Gottes unfassbare Wege

Wie mein Glaube
durch verfolgte Christen
radikal erneuert wurde

336 Seiten, Taschenbuch
ISBN 978-3-7655-4204-6

Als Jugendlicher erfährt Nik Ripken Gott auf ungewöhnliche Weise. Er nimmt seinen Ruf an und geht 1992 nach Somalia. Fassungslos erlebt er die Not und Dunkelheit in dem Bürgerkriegsland. Dort gewinnt er das Vertrauen vieler Menschen und erfährt tiefe Menschlichkeit und Hilfsbereitschaft. Doch die Verhältnisse in Somalia erschüttern sein Vertrauen auf Gott: Wirkt Jesus als Auferstandener heute überhaupt noch? Oder ist das mit Gott alles bloß noch Geschichte? Erst als Ripken Christen kennenlernt, die Verfolgung im Glauben durchgestanden haben, findet er neue Hoffnung: In der ehemaligen Sowjetunion, in China und islamisch geprägten Staaten verschwinden seine tiefen Zweifel an einen lebendigen Gott. In mehreren muslimischen Ländern erlebt er staunend, dass Jesus wie in der Apostelgeschichte in Träumen und Visionen wirkt. Durch die Begegnungen mit verfolgten Christen wird Ripkens Glaube radikal verwandelt und erneuert. Dies ist sein spannender und aufwühlender Bericht.

BRUNNEN VERLAG GIESSEN
www.brunnen-verlag.de

Bruder Andrew/Al Janssen

Verräter ihres Glaubens

Das gefährliche Leben von Muslimen,
die Christen wurden

416 Seiten, Taschenbuch
ISBN 978-3-7655-4019-6

Ahmed war von Jesus so fasziniert, dass er in der Moschee öffentlich
eine sehr gefährliche Frage stellte. Den anschließenden Schlägen und
Misshandlungen seiner Familie konnte er nach einigen Tagen entkommen. Doch wohin jetzt? Er musste untertauchen. Bald trifft er
Mustafa. Dieser gehört zur örtlichen Muslimbruderschaft. Ahmed
traut seinen Ohren nicht, als Mustafa ihm von seiner Sehnsucht erzählt, die die Evangelien in ihm ausgelöst haben. Im Auftrag seiner
islamistischen Gruppe sollte Mustafa eine Streitschrift schreiben, welche die Fehler des Neuen Testaments darstellt und die Gültigkeit des
Korans betont. Das konnte er nicht tun, ohne die Evangelien vorher
zu lesen, meinte Mustafa. Noch mehr junge Männer und Frauen stoßen in kurzer Zeit zu ihnen – sie alle müssen untertauchen, brauchen
eine Bleibe, etwas zu essen und Arbeit. Vorsichtig suchen sie nach einem Ausweg. Doch er könnte sie das Leben kosten …

Dies ist ihre atemberaubende Geschichte, die sie ihrem Freund Bruder Andrew erzählt haben.

BRUNNEN VERLAG GIESSEN
www.brunnen-verlag.de